労働基準法では届かない！
民法・刑法・憲法と就業規則で解決する

労務トラブル50

河野順一

清文社

はじめに

　本書「労働基準法では届かない！憲法・民法・刑法と就業規則で解決する労務トラブル50」は、

「労働法だけでは労務トラブルを予防・解決できない」

という、私が長年にわたって訴えてきた持論を、50の事例を使って、わかりやすく解説した、他に例のない本となっています。

　労務トラブルの予防策・解決策を考えるにあたって、労働基準法を始めとした、労働関連法規にばかり目を奪われてしまう方々を、私はこれまで多く目にしてきました。しかし、労働関係は契約関係で、この契約関係を理解するには、「民法」の理解が必須なのです。

　最近になって、労働法に関する書籍でも民法についての理解の必要性を解く書籍や記事がかなり登場するようになりましたが、ようやく時代が追いついた感があります。

　しかし、民法を学ぶだけでは、まだまだ足りません。「憲法」や「刑法」、さらには「判例」の知識と理解も必要なのです。そして、会社の憲法ともいわれる「就業規則」を定め、活用することが、労務トラブルの予防と解決には欠かせません。

　本書は、憲法・民法・刑法、そして判例や就業規則の意味と活用法を、具体的な事例を使って、わかりやすく丁寧に解説しています。できれば、最初の1ページ目からじっくりと読んでいってほしいのですが、50のテーマのうち気になるテーマから読むスタイルでもかまいません。きっと、読めば読むほど、労務トラブルへの対応力が増していくことでしょう。

　本書の出版に際しては、日本橋中央労務管理事務所の皆さんには大変お世話になりました。さらに、日頃から私の講演・講義を聞いてくださる皆様、拙著発刊

のたびに購読してくださる全国の温かい読者の皆様に、この場を借りて御礼申し上げます。

　読書の皆様が本書を活用されて、少しでも多くの労務トラブルが予防・解決できたならば、私にとってこれほどの喜びはありません。

平成27年12月1日
一所懸命
河　野　順　一

第1章
採用に関するトラブル

事例1　就職に関する意思表示 ……… 2
事例2　求人票と異なる労働条件 ……… 6
事例3　面接での虚偽回答による解雇 ……… 10
事例4　解雇予告除外認定を受けないでした解雇 ……… 14
事例5　通勤手当の不正請求 ……… 18
事例6　外国人労働者の不法就労に関する問題 ……… 22

第2章
勤怠・就業に関するトラブル

事例7　身だしなみの規制に関する問題 ……… 28
事例8　社内での宗教勧誘に関する問題 ……… 34
事例9　態度の悪い社員への対応に関する問題 ……… 38
事例10　無断アルバイトをしている社員に関する問題 ……… 45
事例11　出向社員と解雇に関する問題 ……… 48
事例12　虚偽の理由による年次有給休暇申請に関する問題 ……… 51
事例13　無断欠勤と退職に関する問題 ……… 55
事例14　危険を伴う業務命令に関する問題 ……… 58

事例15 配置転換（配転）拒否に関する問題 63

事例16 新型感染症と自宅待機に関する問題 68

第3章
退職・解雇に関する
トラブル

事例17 退職勧奨に関する問題 74

事例18 始末書の不提出に関する問題 77

事例19 退職の意思表示に関する法律の定め 84

事例20 退職の意思表示と錯誤 89

事例21 退職届の提出期限に関する問題 94

事例22 退職前の有給休暇申請に関する問題 98

事例23 競業禁止義務と退職金に関する問題 106

事例24 懲戒処分決定前の自宅待機に関する問題 109

事例25 研修の直後に退職した社員に関する問題 116

事例26 雇止めに関する問題 121

事例27 離職理由の変更を要求してくる社員への対応 126

事例28 休職中の労働者と整理解雇に関する問題 129

事例29 段階的処分をふまないで行った解雇 137

事例30 賞与支払に関する問題 143

事例31 退職社員の退職理由や連絡先に関する問題 147

第4章
高齢の従業員に関するトラブル

事例32 定年後再雇用に関する問題 ⸺⸺⸺ 156

事例33 定年前に正社員から
パートになった社員の雇止め問題 ⸺⸺⸺ 160

第5章
情報管理に関するトラブル

事例34 同業他社から転職してきた社員に関する問題 ⸺⸺⸺ 166

事例35 企業秘密に関する誓約書の義務づけに関する問題 ⸺⸺⸺ 169

事例36 重要データ持出しと解雇に関する問題 ⸺⸺⸺ 174

事例37 ブログやSNSで社内事情を漏らす社員の問題 ⸺⸺⸺ 182

第6章
メンタルヘルスに関するトラブル

事例38 採用内定者のメンタルヘルス問題 ⋯⋯⋯⋯⋯⋯ 188

事例39 採用対象者のメンタルヘルス調査に関する問題 ⋯⋯⋯⋯⋯⋯ 192

事例40 メンタルヘルスと解雇に関する問題 ⋯⋯⋯⋯⋯⋯ 198

事例41 メンタルヘルスと受診命令に関する問題 ⋯⋯⋯⋯⋯⋯ 202

第7章
ハラスメントに関するトラブル

事例42 土下座による謝罪命令を拒否した
社員の処分に関する問題 ⋯⋯⋯⋯⋯⋯ 208

事例43 セクハラ社員に関する問題 ⋯⋯⋯⋯⋯⋯ 213

事例44 マタハラに関する問題 ⋯⋯⋯⋯⋯⋯ 217

第8章

「問題社員」に関する
トラブル

事例45 飲酒運転事故を起こした社員に関する問題 ⋯⋯⋯⋯⋯⋯ 226

事例46 残業拒否をする社員に関する問題 ⋯⋯⋯⋯⋯⋯ 229

事例47 協調性に欠ける社員に関する問題 ⋯⋯⋯⋯⋯⋯ 233

事例48 社内恋愛で業務に支障をきたす社員の問題 ⋯⋯⋯⋯⋯⋯ 236

事例49 定期健康診断の受診拒否に関する問題 ⋯⋯⋯⋯⋯⋯ 238

事例50 会社の備品を持ち出す社員に関する問題 ⋯⋯⋯⋯⋯⋯ 241

第 **1** 章

採用に関するトラブル

事例1

就職に関する意思表示

X社が会社の前の掲示板に貼り出した「正社員募集! 月給30万円で雇います! 職歴・学歴不問! やる気のある人ならOK! 採用係までご連絡を!」という求人広告に目を止めたYは、その場ですぐX社の採用係に電話をかけ、「御社で働きます!」といって、すぐに電話を切ってしまいました。当社(X社)としては採用にあたっては試験等を行い判断したいのですが、どのように対応したらよいでしょうか。

ANSWER

民 法	意思表示に関する理論・権利の濫用(1条3項)
労働契約法	解雇権濫用法理(16条)
判 例	大日本印刷事件・最判昭54.7.24

解説

意思表示

1 申込の誘引

　労働契約も契約の一つです。契約は「相対立する(向かい合う意思表示の合致)」で成立します。売買契約でいえば、「100円で売ります」「100円買います」という、向かい合う意思表示が合致すれば売買契約が成立するのです。「売ります」のほうを「**申込**」の意思表示、「買います」のほうを「**承諾**」の意思表示といいます。二つの意思表示が合致することで、売主には代金を請求できる権利が、買主には品物の引渡しを要求できる権利が発生します。権利と義務は裏返しの関係ですから、反対に、売主には品物を引き渡さなければならない義務が、買主には代金を支払わなければならない義務が発生しています。

　意思表示の理論は、民法について学ぶ際に登場します。このように、労働問題を考え、労使トラブルを予防・解決する際に必要な知識は、労働法だけで得ること

はできません。本書では、労使トラブルの解決に必要な、労働法以外の憲法・民法・刑法などの知識をわかりやすく解説していきます。

　今回のケースの場合、仮に、X社の求人広告が「雇います」の申込だとすると、Yが「働きます」と承諾をした段階で、相対立する意思表示が合致していますので、労働契約が成立することになります。しかし、それでは、Yにとってはよいかもしれませんが、X社にとっては困った問題が起きてしまいます。会社は求人をする際に、通常は筆記試験や面接等の採用選考過程を設けて、労働者の能力や人柄を見極めて、会社にとって必要な人材であると判断した場合に初めて雇おうと考えるものだからです。

　ここでも、民法の意思表示の理論が必要となります。X社の求人広告は、「**申込の誘引**」といわれるものとされ、「申込」とは区別されます。申込ではなく、「他人を誘って申込をさせようとする意思の通知」であって、あくまで「応募を募る」ものにすぎないとされるのです。そのため、X社に申込の誘引に応じて、Yが応募をするのが「申込」となります。よって、X社が採用選考を経て採用の通知を出した段階で、「承諾」がなされたことになります。そのため、今回のケースでは、YがX社に電話をかけただけでは、労働契約が成立することはありません。

　先ほど、売買契約によって生じる権利と義務について説明しましたが、労働契約の場合についてもみてみましょう。労働契約が成立すると、使用者には「**指揮命令権**」が、労働者には「**賃金請求権**」という権利がそれぞれ発生します。反対に、使用者には労働者の労働に応じた「**賃金支払義務**」が、労働者には「**指揮命令に従って働く義務**」が発生します。その他にも、各種の権利義務が労働契約から発生するのですが、それらについては後述します。

❷ 契約の成立

　契約の成立、つまり、相対立する意思表示の合致があるか否かという問題は、そもそも意思表示といえるのかという問題であり、これは、社会常識や慣習等によって個別具体的に判断されます。契約の成立には、契約書等の書面が必要である

と思われている方も多いですが、意思表示の合致には特に書面は要求されてはいません。例えば、ラーメン屋さんでラーメンを注文するときに契約書は交わしません。食券を買って注文したとしても、それは領収書や注文票にすぎないのです。

　口約束でも契約は成立しますので、仮に、X社がYに対して、「○月1日から働きに来てください」と口頭で伝えても契約は成立します。労働基準法上の労働条件の書面による明示(**労基法15条**)は、契約の成立そのものとは別に要求されるもので、仮に書面による労働条件の明示がなくても、口頭による労働契約成立に影響はないのです。

　しかしながら、労働契約そのものが成立しているかの争いになったとき、契約書は意思表示の合致があったことを強力に証明するものとなるので、契約書を取り交わすようにしましょう(労働条件通知書も契約の存在を示す証拠となります)。

③ 内定通知

　正式な採用通知に先立って、**採用内定通知**を行う会社もあります。会社が労働者を募集し、応募者を面接した結果、その人を雇うことを決定し、その旨を通知することを「**採用内定通知(内定)**」と呼びます。

　この内定は、労働契約の成立に至ったといえるのでしょうか。労働契約が成立しているか否かで、内定者の立場に大きな影響がありますし、会社側に求められる対応が大きく異なってきます。仮に、会社が内定を一方的に取り消した場合に、まだ労働契約は締結されていない場合は、内定者は債務不履行(**民法415条以下**)・不法行為(**民法709条以下**)による損害賠償の請求ができるにとどまりますが、労働契約が成立しているとするならば、内定の取消は解雇にあたることになり、解雇の無効を主張して、**契約関係の存在確認**(働くことができる権利の確認)を求めることができるのです。

　採用内定と労働契約の関係について最高裁判所は、採用内定通知の他には労働契約締結のための特段の意思表示が予定されていないことを前提に、企業からの募集(申込の誘引)に対して、労働者が応募したのは、雇用契約の申込であり、

これに対する企業からの採用内定通知は、その申込に対する承諾であるとして、これによって両者間に**始期付解約権留保付労働契約**が成立すると判示しています（**大日本印刷事件・最判昭54.7.20**）。

　先ほど、労働問題を考える際には労働法の知識だけでは足りないとお話しました。労使トラブルの予防・解決には、裁判所の下した判断（「**判例**」といいます）の理解が特に求められるのですが、上記の最高裁判所の判例を理解するにも「申込の誘引」や「申込」「承諾」といった民法の知識が必要となることから、改めて、労働法以外の知識の重要性がおわかりいただけたと思います。「**解約権留保**」とは、解雇する可能性があることをあらかじめ予告しておく、という意味です。最高裁は、内定取消は留保した解約権の行使にあたり、客観的に合理的で社会通念上相当として是認することができる場合に限り認められるとしました。採用内定により労働契約が成立している以上、その後の使用者による一方的な解約は**解雇**にあたり、内定取消にも**解雇権濫用法理**が適用されるという法的構成を採用したのです。

　解雇権濫用法理とは、解雇には客観的合理性と社会的相当性が求められるという、もともとは判例によって打ち立てられた理論（**判例法理**）だったのが、現在は**労働契約法16条**で成文化されています。この判例法理も、もともとは、「**権利の濫用**」（**民法1条3項**）という、民法を学ぶ際に最初に登場する概念から導き出されたものです。

　最高裁は**内定取消事由**として、具体的には、成績不良による卒業延期、健康状態の著しい悪化、虚偽申告の判明、逮捕・起訴猶予処分を受けたこと等を挙げています。これらの事由があれば、内定取消は権利の濫用とはならずに有効とされます。これに対して、会社の経営悪化を理由とする内定取消については、その合理性・相当性がより具体的で厳しいチェックがなされることになります（**整理解雇法理**）。

　今回のケースで、Yが電話をかけた後、X社の採用選考を経て、採用内定通知をもらった段階で、X社に解約留保権がついた労働契約が成立することになりますが、その場合X社は権利の濫用にならない範囲で内定を取り消すことができるわけです。

求人票と異なる労働条件

事例2

当社（X社）は、長期休業する事務員の補充として、ハローワークに正社員の募集をする求人票を提出していました。ところが、採用者を決定する前に、長期休業するはずであった事務員が1年後に復職できるとの話があったため、実際に本採用したYについては1年間の有期労働契約で雇用する旨を説明し、合意のうえ労働契約を締結しました。

ところが、入社後間もなく、Yから「求人票では正社員での募集であったはずなのに、実際には有期労働契約となっているのはおかしい」とクレームをつけられました。

求人票と内容の異なる労働条件となった場合、何か問題があるのでしょうか。

ANSWER

民 法	意思表示に関する理論
職業安定法	5条の3・職業安定法施行規則4条の2
判 例	藍澤證券事件・東京地判平21.9.28
	日新火災海上保険事件・東京高判平12.4.19

解説

求人広告と労働条件が異なるとしてクレームをつける社員

1 労働条件は求人広告の内容に合わせなければならないか

労働契約の内容は、労働契約締結時に会社と社員となろうとする者の間で交わされる労働契約書・労働条件通知書、もしくは就業規則に記載された労働条件となるため、求人広告の内容がそのまま労働契約の内容になるわけではありません。

藍澤證券事件（東京地判平21.9.28）では、「雇用契約が使用者と従業員となろうとする者の双方の具体的事情をふまえて内容が決定されるものであることから、使

用者による就職希望者に対する求人は、雇用契約の申込の誘引であり、その後の採用面接等の協議の結果、就職希望者と使用者との間に求人票と異なる合意がされたときは、従業員となろうとする者の側に著しい不利益をもたらす等の特段の事情がない限り、合意の内容が求人票記載の内容に優先すると解するのが相当である」ことを示したうえで、原告が雇用契約書案、契約社員等就業規則及び給与規程の送付を受け、あらかじめ雇用契約の内容を了知し1か月以上検討する機会があったうえで契約書に署名押印していることから、原告と被告との雇用関係は、「求人票の内容ではなく、その後に交わされた第1契約の契約書記載の内容のとおり合意された者と認めるのが相当」との判断を示しています。

　すでに説明したように、労働契約は、「申込」と「承諾」の意思表示が合致して成立するものでありますが、求人広告は、その前段階の「申込」を誘う行為である**「申込の誘引」**として位置づけられるものです。

２ 慰謝料請求を認められる場合もある

　求人広告の内容が労働契約の内容となるわけではありませんので、例えば、求人広告で月給20万円、実際に締結した労働条件通知書に記載されている月給が18万円だとしても、求人広告の内容で労働契約が成立したことを前提とする差額賃金請求はできないということになります。

　しかしながら、求人広告や会社説明会での内容と大きく異なる労働条件を労働契約の内容とした**日新火災海上保険事件**（東京高判平**12.4.19**）では、求人広告ならびに面接および社内説明会において、新卒同年次定期採用者の平均的給与と同額の待遇を受けることができるものと信じさせかねない説明をし、それを信じて入社した者に精神的な衝撃を与えたとして、「かかる被控訴人の求人に当たっての説明は、労働基準法15条1項に規定するところに違反するものというべきであり、そして、雇用契約締結に至る過程における信義誠実の原則に反するものであって、これに基づいて精神的な損害を被るに至った者に対する不法行為を構成する」と判示して、会社に慰謝料の支払を命じています。

同事件においても、「求人広告は、それをもって個別的な雇用契約の申込みの意思表示と見ることはできない」としており、求人広告の記載をもって、雇用契約がその内容で成立したとすることはできないと判示しています。

一方で、中途採用者の初任給を下限の格付で支給することをあらかじめ決定していたにもかかわらず、そのことを応募者に対して明示せず、求人広告・面接・会社説明会では平均的な給与と同待遇であるとする説明をしていたことから、労働契約の締結過程における信義誠実の原則に反するものとして、不法行為に基づく慰謝料の支払を命じました。

❸ トラブル回避のために

求人にあたっては、職業安定法5条の3において、「その者が従事すべき業務の内容及び賃金、労働時間その他の労働条件を明示しなければならない」と規定されており、以下の事項については書面の交付等により明示することとされています（職業安定法施行規則4条の2）。

① 労働者が従事すべき業務の内容に関する事項
② 労働契約の期間に関する事項
③ 就業の場所に関する事項
④ 始業及び終業の時刻、所定労働時間を超える労働の有無、休憩時間及び休日に関する事項
⑤ 賃金（臨時に支払われる賃金、賞与等を除く）の額に関する事項
⑥ 健康保険、厚生年金、労災保険及び雇用保険の適用に関する事項

求人募集をする際には、上記の事項についてきちんと記載がなされているかについてまずチェックする必要があります。

さらに、実際に提示しようとする労働条件の内容と乖離がないかどうかをチェックしましょう。また、労働契約締結前に実際の労働条件の内容について十分な説明

をする機会を確保しておくべきでしょう。

4 正当な手続を行っていることを文書で証明する

　労働条件の食い違いや入社手続をめぐるトラブルが起きた場合、ハローワークや求人サイト等にクレームが入ることが想定されます。そのような場合には、今後の求人に支障を来たす可能性も生じてきます。

　会社としては、労働契約締結の手続が正当であると主張するために、労働条件の説明を行ったことにつき、労働者からサインを求める文書等を用意しておけば、トラブルとなった場合でも有力な証拠の一つとなるでしょう。

　今回のケースの場合、X社の求人広告の内容がそのまま労働契約の内容になるわけではなく、労働契約締結時に示された労働条件通知書や就業規則に記載された内容が優先されるのが原則です。

　ただし、X社の労働条件が求人広告の内容とあまりにもかけ離れた労働条件である場合には、慰謝料請求が認められる場合があるということは留意しておきましょう。

事例3

面接での虚偽回答による解雇

　X社の労働者Yは、試用期間満了直前に、採用試験の際に提出した身上書および面接試験の際の回答とは異なる事実である学生時代の活動を理由にX社から本採用を拒否され解雇されました。YはX社による本件解雇処分は無効であるとして、裁判を起こそうと考えていると連絡を入れてきました。どのように対処すればよいでしょうか。また、解雇には問題があったのでしょうか。

ANSWER

憲 法	私人間適用の問題（間接適用説）
民 法	契約自由の原則・1条・90条・709条

（基本原則）

第1条　私権は、公共の福祉に適合しなければならない。

2　権利の行使及び義務の履行は、信義に従い誠実に行わなければならない。

3　権利の濫用は、これを許さない。

（公序良俗）

第90条　公の秩序又は善良の風俗に反する事項を目的とする法律行為は、無効とする。

判 例	三菱樹脂事件・最判昭48.12.12

解 説

憲法の私人間適用

1 労使トラブル解決は労働法だけではできない

　今回のケースは、有名な三菱樹脂事件（最判昭48.12.12）を元に

しています。試用期間中であっても、労働契約は締結されているため、このケースも労使トラブルであることにはかわりはありません。採用内定段階であっても「入社予定日を就労の始期とする解約留保権つき労働契約」が成立しているとするのが判例の立場でした（**大日本印刷事件・最判昭54.7.20**）。つまり、採用内定段階であっても、労働契約の取消は解約つまり**解雇**として扱われるわけです。今回のケースは採用内定段階を超えて、試用期間中となっているため、解雇に関しては内定段階以上に慎重な判断が求められることになります。

三菱樹脂事件について最高裁が判断する際にも、労働法の規定だけではなく、**憲法**や**民法**の規定が使われました。労働基準法等の各種の法律は、憲法を頂点として、憲法の精神に沿って作られています。また、**私人間**(国民と国民)の法律関係についての基本を定めているのは民法であり(これを「民法は**私法の一般法である**」といいます)、その民法に定める雇用契約について、労働者保護の見地から定められたのが労働基準法(「労働基準法は民法の**特別法**」ということになります)であるため、憲法や民法といった基本的な法律の理解がなくては、労使トラブルを真に解決に導くことはできないのです。また、三菱樹脂事件判決のような判例の知識もまた、労使トラブルの防止や解決に欠かすことはできません。同種の事案では裁判所がどのような判断を下していたかを予め知っておけば、有効かつ適切な対応策を立てることができるからです。

2 憲法の私人間適用

事例では、X社が学生時代の活動を理由にして、Yの本採用が拒否されています。Yだけが学生時代の活動を理由に本採用を拒否されるというと、「**法の下の平等**」(**憲法14条**)に反する差別だと捉えられがちです。また、学生時代の活動とは、いわゆる「学生運動」のことですので、Yの**思想・信条の自由**(**憲法19条**)を侵害するものだという考え方もあります。

しかし、ここで気をつけたいのは、「**憲法は私人間に直接適用されない**」ということです。憲法は、国家と国民との関係(「**縦の関係**」といわれます)を定めた公法です。

そのため、私人間、つまり国民と国民の関係(「横の関係」)には、一部の規定を除いて直接適用はされないのです。なぜでしょうか。これを理解するには「**私的自治の原則**」について知らなければなりません。本来人間には、自分のことを自分で決める自由があります。そのため、誰と、どのような契約をするのも自由なのです。民法の基本原理の一つに、「**契約自由の原則**」がありますが、これは「私的自治の原則」の表れなのです。私人間に憲法を直接に適用してしまうと、国家が国民の生活に過度に介入することになりかねないため、このように考えられています。

　では、条文上明らかに私人間に適用される場合(例えば、労働三権を定めた憲法28条は、使用者と労働者という私人間に直接適用されます)を除いて、憲法はまったく私人間に適用されないか、といえばそうではありません。これを「**憲法の私人間効力の問題**」というのですが、三菱樹脂事件判決で最高裁は、私的自治に対する一般的制限規定(一般規定)である民法1条、90条や不法行為に関する諸規定の適切な運用によって、一方で私的自治の原則を尊重しながら、もう一方では社会で許容されない自由や平等の侵害を防ぐことができるとしています。つまり、私人間に憲法は直接適用されないが、民法の一般規定や不法行為法を通じて、間接的に憲法の精神を判断に取り込むことができるとしたのです(**間接適用説**)。

　民法1条や90条、709条については後に詳しく説明しますが、例えば民法1条1項には「**公共の福祉**」という言葉が登場します。これは「社会全体の幸福」(簡単にいえば、「みんなの幸せ」)という意味です。この社会全体の幸福には、当然憲法の理念が実現されていることも含まれます。ですから、私人間の契約を考える際に、その契約が憲法の理念を含んだ公共の福祉に適合しているかというかたちで、間接的に憲法が適用されることになるのです。

3 今回の事例

　三菱樹脂事件において最高裁は、「憲法は、思想、信条の自由や法の下の平等を保障すると同時に、他方で、財産権の行使、営業その他広く経済活動の自由をも基本的人権として保障している。それゆえ、企業には、経済活動の一環として

行う契約締結の自由があり、自己の営業のためにどのような者をどのような条件で雇うかについて、「法律その他による特別の制限がない限り、原則として自由に行うことができる」とし、「企業が特定の思想、信条を有する者をそのことを理由に雇入れを拒んでも、それを当然に違法とすることはできない」としました。本判決が出された当時は、終身雇用制が今よりも広く普及していた時代でした。終身雇用制で、企業が社員を採用するということは、非常に長期にわたってその人材を社内に置くことになりますので、その人物評価に関しては自ずと厳しくなることはやむをえません。

　今回のケースの場合、提出した身上書および面接の際の回答とは異なる学生運動の事実が明らかになったということで、本採用拒否の理由はあくまで客観面の「行為」を捉えたものであり、主観面における「思想・信条」そのものを理由にしてのものではありません。そのため、判例法理によって広範な採用の自由が認められていることを前提にすると、Yに対する本採用拒否が違法とまではいえないでしょう。

　なお、**労働基準法3条**は労働者の信条によって賃金その他の労働条件につき差別することを禁止していますが、これは、雇入れ後における労働条件についての制限であって、雇入れそのものを制約する規定ではないため、今回のケースでは適用の可能性がありません。

解雇予告除外認定を受けないでした解雇

プレス工場Xで働く労働者Yがプレス機械の操作を担当していたが、あまりの能力不足のため、プレス機械を誤操作により、機械故障を頻発させていました。このままYを現在の業務に就けたままだと、Yのみならず他の社員にも誤操作による事故の危険が及ぶ可能性があるため、他の社員達からYの配置転換を求められたため、Yを検品等を行う他部署へ安全配慮義務に基づき配置転換することを決めました。この配転命令に対しYは現在の部署で働き続けたいと、配転をかたくなに拒否しています。仕方がないので、配転命令を拒否したYを即時解雇しました。

Yは「解雇予告除外認定を受けずして行った解雇は不当であり、解雇予告手当の支払を求める」と連絡を入れてきました。即時解雇とせず、解雇予告除外認定を受けたほうがよかったのでしょうか。

ANSWER

労働基準法 20条

(解雇の予告)

第20条　使用者は、労働者を解雇しようとする場合においては、少くとも30日前にその予告をしなければならない。30日前に予告をしない使用者は、30日分以上の平均賃金を支払わなければならない。但し、天災事変その他やむを得ない事由のために事業の継続が不可能となつた場合又は労働者の責に帰すべき事由に基いて解雇する場合においては、この限りでない。

2　前項の予告の日数は、1日について平均賃金を支払つた場合においては、その日数を短縮することができる。

3　前条第2項の規定は、第1項但書の場合にこれを準用する。

民 法	415条、541条、709条
判 例	旭運輸事件・大阪地判平20.8.28
	グラバス事件・東京地判平16.12.17

解雇予告除外認定と即時解雇

解 説

1 労働者を解雇予告除外認定を受けることなしに即時解雇した場合

X社がYを解雇予告除外認定（**労基法20条3項**）を受けることなく即時解雇した場合に、どのような法的問題が生じるでしょうか。

例えば、ある労働者が経理上の不正処理を働き、不当に金銭を着服していた（刑法上は業務上横領罪や詐欺罪となります）ため、使用者が就業規則の解雇事由にあたるとして、労働基準法における解雇予告除外認定を受けずに即時解雇したような場合です。

このような場合に大前提となるのが、使用者と労働者の間の労働契約関係という**私法上の関係**と、行政官庁と使用者との**公法（行政法）上の関係**を区別することです。私法上の関係は、当事者が**対等平等の関係**に立って、契約関係を結ぶ**横の関係**です。それに対して公法上の関係は、法令の定めを根拠とする**指揮命令関係を基本とする縦の関係**になります。

本来的には、労働者が経理上の不正処理を働いた時点で、「**債務不履行**」（民法415条）や「**不法行為**」（民法709条）の問題が生じます。経理上の不正処理は、労働契約の主たる目的である労働義務を履行していないばかりか、誠実義務や忠実義務に違反する重大な契約違反であり、故意に使用者の権利を侵害する行為だからです。

債務不履行である以上、その効力として「**解除**」が認められることになります。しかし、わが国の場合は各種の労働法制によって、その「解除」の一形態である「**解雇**」が厳しく制限されています。とはいうものの、労働契約も契約である以上、その契約違反については解除、つまり解雇が可能でなければなりません。使用者が

労働者を就業規則上の規定に基づいて解雇することは、それが労働契約法16条の定めにもあるとおり、客観的合理性と社会的相当性を有しているならば、**私法上の効力**に関しては否定されるものではありません。たとえ労働基準法上の解雇予告の除外認定の届出がなされないままされた解雇であったとしても、解雇の効力は、あくまで**横の関係**である私法上の契約に基づくものですので、有効であり、解雇予告の除外認定の届出という縦の関係である行政上の届出義務の有無に左右されるものではないのです。

　この点はわかりにくいところなので、もっと極端な例で考えてみます。仮に、ある労働者がドローンに爆弾を搭載してテロ行為を行い、多数の死者を出した殺人犯人だったとしましょう。そのような重大な非違行為を行ったにも関わらず、「解雇予告の除外認定を受けずしての即時解雇である以上、解雇の効力が発生しない」等という、「盗人に追い銭」のようなことを認めてしまう解釈はありえないのです。

　このように、行政上の届出の有無は解雇の効力の有無とは関係ないのです。今回のケースの場合、X社は、安全配慮義務にも、雇用の継続にも意を砕いていますから、配転命令を拒否したYを即時解雇したとしても、使用者の正当な権利の行使といえ、解雇権濫用の問題は生じないでしょう。

❷ 解雇予告除外認定の法的性質

　では、解雇予告除外認定という手続については、どう考えればよいのでしょうか。そもそも**解雇予告除外認定の法的性質は行政法学上の「確認」処分にすぎません**（旭運輸事件・大阪地判平20.8.28）。

　経歴詐称を理由として懲戒解雇された契約社員が、解雇無効を求めた事件において、懲戒処分の有効性及び、除外認定を受けないままでの解雇予告手当不支給等が争われた事件の判決では「労基署長による解雇予告の除外認定は、行政庁による事実の確認手続にすぎず、解雇予告手当支給の要否は、客観的な解雇予告除外事由の存否によって決せられ」るものとし、解雇予告手当支払義務はないと請求を退けています（グラバス事件・東京地判平16.12.17）。

よって、Yを解雇したX社が、後から解雇予告除外認定の届出を出したとして、それが認められなければ認められないで、届出義務を尽くした以上はそれでよいことになります。労基署において、解雇予告除外認定が不認定となって是正勧告を受けたとしても、X社はそれに対して「裁判で争い、最終的な判決を待って対応いたします」と回答するか、あるいは、「労使で話し合って解決するつもりです」と回答すればよいことになります。

❸ 解雇予告除外認定についての注意点

　この解雇予告除外認定については、大事な注意点があります。それは、**就業規則**に、解雇予告除外認定についての規定を設けてしまう危険性に関することです。

　使用者が解雇をするに際して、解雇予告除外認定を受けることを就業規則のなかに定めた場合、**個別の労働契約よりも就業規則が優先**される結果、解雇予告除外認定を受けることが民事上強制されることになってしまうのです。今回のケースの場合に、仮にX社就業規則にそのような内容が記載されていれば、除外認定を欠く本件解雇は許されないものになってしまうのです。

　これは、本来、行政上の届出義務（縦の関係）にとどまる話が、就業規則に取り込まれた段階で、私法上の権利義務関係（横の関係）の問題にもなるからです。

　よって、就業規則に解雇予告除外認定についての規定を設けることは、プレス工場の事例のように、問題社員（非常識社員）に対して即座に適切な対処を成しえなくなる等、使用者にとって不利であるばかりか、他の社員達の会社業務の正常な運営にも多大な影響を及ぼしかねないため、避けるべきでしょう。

通勤手当の不正請求

事例 5

　X社の労働者Yは、会社に通勤経路を電車通勤として申告し、定期券購入のための非課税通勤手当として、毎月約2万円を3年間にわたり受け取っていました。しかし、実際にはYは自転車で毎日X社まで通勤しており、毎月の通勤手当を着服していたことが判明しました。Yは「健康のため、自転車で通勤しているだけで、別に良いではないか」と悪びれる様子もありません。X社はYに対していかなる処分ができるでしょうか。

ANSWER

刑　法　246条

（詐欺）

第246条　人を欺いて財物を交付させた者は、10年以下の懲役に処する。

2　前項の方法により、財産上不法の利益を得、又は他人にこれを得させた者も、同項と同様とする。

民　法　703条

（不当利得の返還義務）

第703条　法律上の原因なく他人の財産又は労務によって利益を受け、そのために他人に損失を及ぼした者（以下この章において「受益者」という。）は、その利益の存する限度において、これを返還する義務を負う。

判　例　光輪モータース事件・東京地判平18.2.7

　　　　アール企画事件・東京地判平15.3.28

1. 通勤手当の不正請求に関する問題

解説

1 刑事責任

　　通勤手当の不正受給には、例えば、電車やバスで通勤すると会社に申告して通勤手当を受け取っておきながら、実際には自転車や徒歩で通勤していたような場合や、以前申告した通勤経路よりも会社に近い場所に転居したのに、会社に通勤経路の変更を申告せず、高い通勤手当をずっと受け取り続けていた場合等があります。実際に裁判に持ち込まれ、場合によっては解雇が認められたケースもある、実は重要な問題です。

　　労働基準法等の労働法では、会社は労働者に必ず通勤費（通勤手当）を払わなくてはならないという規定は存在しません。そのため、通勤手当に関しては、労働者の自己負担であっても問題はないのですが、実際にはほとんどの会社で、通勤手当を支給することを就業規則等で定めています。本来、絶対に払うべき手当というわけではありませんから、通勤手当を支給する場合に、労働者が実際に通勤に要した費用の全額を支給すると定める必要はなく、上限○万円というように上限額を定めたり、半額のみ支給するというような規定にしたりしても構いません。

　　今回の事例のX社の場合は、労働者に通勤経路を申告させ、約2万円を毎月通勤手当として支給していたということですから、実際に要する費用を支給する取扱いとなっていたのでしょう。実際には電車通勤をしていないのに、しているかのように申告して金銭を会社から受け取っていたYには、刑法の詐欺罪（**刑法246条**）が成立する可能性があります（場合によっては**横領罪**（**刑法252条**）の成立もありえます）。とはいえ、実際にはX社がYを警察や検察に刑事告訴しない限り、刑事事件として扱われることはなく、実際には刑事責任を問われる可能性はないでしょう。

2 懲戒処分

　　それよりも、X社としては、就業規則の定めによって、Yを処分することを検討することが実際的な問題となります。本来ならば詐欺罪にもあたりうる行為とはいえ、

通勤手当の不正受給は、それほど罪の意識なく行われることも多いため、発覚した場合にいきなり重い処分を課すと、**懲戒権の濫用**となり、労働者側の訴えにより、後で無効になってしまう可能性があります。

そのため、まずは、譴責・戒告・減給等の軽い処分をし、その際に、場合によっては刑事告発することができる事案であると説明し、反省を促すようにしましょう。

さらに、通勤経路について改めて申告書を提出させ、あわせて定期券のコピーを提出させるようにします（コピーを提出しない場合、それ自体が業務命令違反となりますので、注意・指導を行い、従わないようなら別途懲戒処分の対象となります）。申告書に電車通勤と改めて書いて提出したにもかかわらず、再度自転車通勤をしていた場合は、より重い処分へと移行することになります。

ただ、通勤手当の不正受給による、**懲戒解雇**が可能かというと、裁判例からは、不正に受給した金額やその期間等につき、悪質性が相当に高い事案に限られることになります。

判例では、4年8か月にわたり、5分から10分程度遠回りすることで定期代を毎月7,000円ほど浮かせ、通勤手当を不正に受給していた労働者に対し、会社が途中で疑念を抱き、労働者に対して定期券のコピー提出を求めたにもかかわらず提出しなかったこと等から懲戒解雇に付した事案で、「当初から不正に通勤手当を過大請求するためにあえて遠回りとなる不合理な通勤経路を申告したような、まさに詐欺的な場合と比べて、本件不正受給に及んだ動機自体はそれほど悪質であるとまでは評価し難い」とし、企業秩序維持のための制裁として懲戒解雇は重きに過ぎるという判断を下しました（**光輪モータース事件・東京地判平18.2.7**）。この事案は不正受給の金額が総額で34万7,780円と、解雇を検討するには低い金額だったということも、解雇無効の理由とされました。

一方、住所を会社に不正申告し、約3年間の定期代として合計約102万円を受給していた事案では、解雇が有効とされています（**アール企画事件・東京地判平15.3.28**）。住所の不正申告という悪質性と、金額の高さが解雇を正当化したものといえます。

2. 不当利得返還請求権

　それでは、民事的な面で、X社はYにどのような請求ができるでしょうか。Yが通勤手当を不正に受給していたということは、X社からすれば、Yがもらう理由のないお金を払い続けていたことになります。このようなお金のことを民法では「**不当利得**」といい、返還請求をすることができます（**民法703条**）。この不当利得返還請求権を行使することで、X社はYから通勤手当を取り戻すことが可能になります。不当利得返還請求権の時効は10年なので、今回のケースの場合、3年間にわたって支払った通勤手当のすべての返還を請求することが可能になります。

外国人労働者の不法就労に関する問題

事例6

当社(X社)で1か月前に採用した外国人労働者Yが、不法就労であったことがわかりました。当社としては、どのように対応すればよいでしょうか。

ANSWER

入管法 73条の2

第73条の2　次の各号のいずれかに該当する者は、3年以下の懲役若しくは300万円以下の罰金に処し、又はこれを併科する。
1　事業活動に関し、外国人に不法就労活動をさせた者
2　外国人に不法就労活動をさせるためにこれを自己の支配下に置いた者
3　業として、外国人に不法就労活動をさせる行為又は前号の行為に関しあっせんした者

解説 外国人の不法就労

1 労働可能な在留資格とは

外国人は、出入国管理および難民認定法(以下、「入管法」といいます)で定められている在留資格の範囲内において、日本での活動が認められています。在留資格について、就労可能かどうかという点に注目して分類すると次の三つに大別できます。

(1) 就労活動に制限がない在留資格

「永住者」「日本人の配偶者等」「永住者の配偶者等」「定住者」の資格は、就労活動に制限がありません。

⑵在留資格に定められた範囲で就労が認められる資格

「外交」「法律・会計業務」「医療」「研究」「教育」「技術」「企業内転勤」「興行」「技能」「人文知識・国際業務」「特定活動」等は、限られた範囲内での就労が可能です。

例えば、「技能」では、外国料理のコック、「人文知識・国際業務」では通訳や英会話教室の講師、「特定活動」ではワーキングホリデーや技術実習生等が該当します。

⑶就労が認められない在留資格

「短期滞在者」「留学」「就学」「研修」等の資格では、原則として就労が認められません。ただし、留学生や就学生がアルバイトを行おうとするときは、あらかじめ地方入国管理局で資格外活動の許可を受ける必要があります。資格外活動の許可を得れば、「留学」の場合、1週28時間まで、「就学」の場合1日4時間までの就労が可能です。

つまり、⑵の定められた範囲内の労働を除いて、いわゆる単純労働が許されるのは、資格外活動の許可を受けた就学生、留学生か、⑴の就労活動に制限のない資格を有する外国人に限られることになります。

2 不法就労をさせた場合、事業主も責任を負う

最近では、日本の労働市場においても外国人労働者の占める割合が高くなってきています。しかし、前述で解説したように、外国人労働者が就労するためには厳しい制限があるため、結果として不法就労をする者も少なくありません。これは、外国人労働者の問題であるだけでなく、雇用する事業主も責任を問われる問題です。

具体的には、不法就労者を雇用した使用者は、不法就労助長罪として3年以下の懲役または300万円以下の罰金に処せられます（**入管法73条の2**）。これは、事業主が不法就労の外国人であることを知らなかった場合には適用されませんが、不法就労であるとはっきり認識していなくても、状況からみて不法就労である疑いが

強いような場合に、はっきりと確認せず、あえて雇用するような場合も処罰されるので、注意が必要です。後述する「在留カード」制度が導入されたことで、事業主は採用時に在留カードの提示を求める形式で在留資格が確認できるため、その確認を怠れば、不法就労を助長した罪に問われかねません。

3 在留資格の確認の仕方

　在留資格の確認の方法としては、在留カードやパスポートに押される上陸許可証印、地方入国管理局の発行する就労資格証明書、在留資格変更許可印、資格外活動許可証等で確認することができます。

　在留カードとは、2012年からスタートした新しい在留管理制度で、対象となるのは入管法上の在留資格をもって日本に中長期間在留する外国人（「中長期在留者」）です。具体的には、①「3月」以下の在留期間が決定された人、②「短期滞在」の在留資格が決定された人、③「外交」または「公用」の在留資格が決定された人、④①～③に準じる人、⑤特別永住者、⑥在留資格を有しない人（不法滞在者）のいずれにもあてはまらない人です。中長期在留者には、ICチップ搭載の「在留カード」が交付され、これに伴い従来の外国人登録制度は廃止されました。また、在留期間が最長5年となり、有効な旅券及び在留カードを所持する外国人が日本を出国後1年以内に再入国する場合には、原則として再入国許可を受ける必要がなくなりました。

　外国人労働者を雇おうとするときは、面接の際に在留カード等の確認書類を持参させ、不法就労であるか否かを確認することが必要です。確認を怠ると、前述のように処罰されることがあるので注意してください。

4 すでに採用している外国人が不法就労であった場合

　今回のケースのように、すでに自社で採用して働かせている外国人労働者が不法就労であることが判明した場合、法的には働かせてはならないのであるから、そのことを本人に通告して、退職してもらわなければなりません。知りながらそれ以上雇用を続けると、不法就労助長罪となってしまいます。また、いわゆるオーバーステ

イ（在留資格の更新または変更を受けずに在留期限が過ぎて日本にいる者）の場合も、不法滞在にあたります。

ただし、不法就労であったとしても、労働基準法の適用は受けることに気をつけてください。つまり、本人に退職の意思がない場合は、解雇することになりますが、労働基準法による手続をふまなければなりません。

具体的にいいますと、解雇自体は不法就労を理由とした場合、やむをえないものとなりますから、解雇権濫用の問題は生じませんが、不法就労というだけでは、労働基準監督署の行う解雇予告の除外認定は受けられないため、即時解雇はできません。

したがって、30日前に解雇予告を行うか、30日分以上の解雇予告手当を支払うことが必要となります。ただし、面接の際に就労可能である旨の虚偽の申告をしている場合等、本人の責任が明らかな場合には解雇予告の除外認定を受けられる場合があります。

5 就労中の扱いは、日本人と同様にしなければならない

事業主が知っているか否かにかかわらず、不法就労である外国人労働者であっても、外国人であることを理由として日本人と差別することは許されません（**労基法3条**）。つまり、労働基準法や最低賃金法、労働安全衛生法、労働者災害補償保険法等は日本人と同様に適用されるのです。

しかし、現実には合理的理由なしに日本人と異なる労働条件で働かせたり、労働条件明示義務違反、就業規則の不適用、解雇予告手当の不払い等が行われたりしています。また、業務災害が発生した場合に、不法就労の事実が入国管理局に発覚することで、その外国人従業員が強制退去処分となることをおそれたり、使用者が不法就労助長罪に問われることをおそれたりして、労災保険の申請をしないケースが多く存在します。このことから、業務上負傷した外国人労働者を保護するため、通達によって不法就労者の労災申請があっても、原則として入国管理局には通報しないという処理がなされています（**平成元.10.31基監41号**）。

25

第 **2** 章

勤怠・就業に関するトラブル

身だしなみの規制に関する問題

当社の営業部の社員に茶髪にピアス姿の者がいます。顧客に悪い印象を与える可能性があり、茶髪やピアスをやめるように何度か注意しているのですが、身だしなみを改める様子はありません。場合によっては解雇も考えたいのですが、どのような処分が可能でしょうか。

ANSWER

憲法 21条

(表現の自由)
第21条 集会、結社及び言論、出版その他一切の表現の自由は、これを保障する。

解説

1. 身だしなみの規制

1 身だしなみの規制と表現の自由

身だしなみの規制は、憲法の定める「表現の自由」(憲法21条)との関係が問題になります。「憲法の私人間効力」についてはすでに説明しましたが、たとえ憲法が私人間に直接適用されなくても、憲法の精神は法律問題を考える際に考慮されることになります。

通常表現の自由は、言論を使っての行使(ピュア・スピーチ)と、デモ行進や集会の開催等言論の他に行為を伴う表現の行使(スピーチ・プラス)とが考えられます。しかし、表現というものが、自己の思想や信条の発露であるとすれば、表現を何も言葉による方法のみに限定する必要はありません。言論を伴わず、その行動自体が表現行為であるとされる場合も考えられるのです。これは、もともと「表現」という

言葉には「言語」を用いたものであるという限定はなく、憲法21条1項も集会・結社・言論・出版以外にその他一切の表現の自由を保障すると規定していることからも理解できるでしょう。すなわち、「表現」とは、身体行動を含めた「あらゆる手段による思想発表」を意味しているということができるのです。したがって、今回のケースの「身だしなみ」についても表現の自由との関係を考えなければいけなくなるのです。

　では、髪型や口髭、服装、アクセサリー等の身だしなみについて考えてみましょう。どのような格好で、どのようなふうに日常を過ごすかは、基本的には本人の意思決定の自由にまかされていますが、場合によっては会社の服務規律・服務規定と鋭く対立することがあります。会社で茶髪や口髭を禁止したり、アクセサリーをつけてはいけないとか、派手な色の服を着てはいけないとかそういったルールが定められているような場合です。

② 業種によって身だしなみの規制には違いがある

　会社にとってその従業員の身だしなみの規制は、顧客や取引先に対して与えるイメージを考えると無視できない問題です。会社には労働契約上、労働者に対して指揮命令権を有するのですが、そのなかには、服装に関する一定の管理権が含まれます。企業秩序を維持するためには、身だしなみに関しても何らかの規制を設ける必要性があるからです。しかし、その管理権の程度は、どこまでの規制が企業秩序維持にとって必要かという観点から考えられなければなりません。

　そのため、業種によって規制が必要である場合とない場合があったり、規制の認められる程度に差があったりするでしょう。例えば、銀行等の金融機関であれば、白いワイシャツを着て、落ち着いたデザインのネクタイを締めることが暗黙の了解としてあったり、ホテルで働く従業員は、髪の毛は黒で、前髪は眉にかからないようにしなければならないという規制があったりするでしょう。対して、まったく顧客との接触のない部署では私服で出勤することが認められている会社もあります。

　会社にとっては、顧客や取引先に与えるイメージは大切です。このため、接客を

行う従業員や外回りをする営業マン等は、その身だしなみが会社のイメージを決めるといっても過言ではありません。

そのため、会社にすれば、そういった従業員の身だしなみを管理権に基づいてコントロールすることは当然であるといえましょう。

❸ 行き過ぎた制裁は認められないことがある

会社側の論理は以上のとおりですが、身だしなみを理由として解雇するとなると法律による規制を受けることがあります。

前述のように、労働者は労働契約の締結により、業種に合わせた合理的な服務規律に従う義務がありますが、すべてにおいて使用者の指示通りにしなければならないわけではなく、職務に支障のない範囲で労働者は髪の毛の色や髪型、服装等の身だしなみについて自由に決定する権利があるとされていて、これに関する判例もいくつかあります。

身だしなみが整っていないことを理由にした解雇は、基本的には解雇権の濫用として行き過ぎた処分となるでしょう。とはいえ、ある程度の規制や制裁は可能ですので、就業規則に服装について規定しておくことが望ましいです。これに対して、暗黙のルールに違反したことを理由として処分するとトラブルのもとになります。就業規則をもとに、注意・指導を行い、それでも服装を改めないようならば、戒告等、段階的な制裁を課していくのです。

また、注意・指導の際には懲戒処分だけでなく、人事考課への影響もあることをはっきりと伝えましょう。社員の身だしなみは会社の対外的イメージを左右するものである以上、会社のイメージ低下につながる身だしなみを続けていることは、昇進や昇給にマイナスの影響を与えることになるということを説明するのです。

2. 関連判例　株式会社東谷山家事件（福岡地小倉支決平9.12.25）

1 事案

　髪の毛の色を染め直すことを拒否したトラック運転手の諭旨解雇が有効か、無効か争われた事案です。

2 判旨

　　一般に、企業は、企業内秩序を維持・確保するため労働者の動静を把握する必要に迫られる場合のあることは当然であり、このような場合、企業としては労働者に必要な規制、指示、命令等を行うことが許されるというべきである。しかし、これは、労働者が企業の一般的支配に服することを意味するものではなく、企業に与えられた秩序維持の権限は、自ずとその本質に伴う限界があるといわなければならない。

　　特に、労働者の髪の色・型、容姿、服装などといった人の人格や自由に関する事柄について、企業が企業秩序の維持を名目に労働者の自由を制限しようとする場合、その制限行為は無制限に許されるものではなく、企業の円滑な運営上必要かつ合理的な範囲内にとどまるものというべく、具体的な制限行為の内容は、制限の必要性、合理性、手段方法としての相当性を欠くことのないよう特段の配慮が要請される。

　　本件では、取引先から具体的な苦情が出されたわけでもなく、労働者の黄髪が会社の営業に具体的な悪影響を及ぼした証拠までは何らうかがえない。また、労働者にも会社業務の円滑な運営を阻害する意思を有していたとは認められない。同社課長らは、対外的な影響よりも社内秩序の維持を念頭において処分を行ったものと推測される。

　　また、労働者は当初個人の好みの問題と反論していたが、ついで、自ら白髪染めで染め直すなどしており、一応対外的に目立つ風貌を自制する態度に

出ていたことがうかがえるところ、会社は追い打ちをかけるように始末書の提出を労働者に求めている。このような会社側の態度は、社内秩序維持を図るためとはいえ、労働者の人格や自由への制限措置について、その合理性、相当性に関する検討を加えた上でなされたものとはとうてい認めがたく、むしろ、あくまで労働者から始末書を取ることに眼目があったと推認され、会社側の労働者に対する指導が「企業の円滑な運営上必要かつ合理的な範囲内」の制限行為にとどまるものとは解することはできない。

　労働者が、頭髪を黄色に染めたこと自体が会社の就業規則上ただちにけん責事由に該当するわけではなく、また、上司の説得に対する労働者の反抗的態度も、会社側の「自然色以外は一切許されない」とする頑なな態度を考慮に入れると、必ずしも労働者のみに責められる点があったということはできず、労働者が始末書の提出を拒否した点も、それが「社内秩序を乱した」行為に該当すると即断することは適当ではない。

　以上より、本件解雇は、解雇事由が存在せず、無効というべきである。また、仮に、労働者の始末書の提出拒否行為が懲戒事由に該当する点があったとしても、本件の具体的な事情のもとでは、解雇に処するのが著しく不合理であり、社会通念相当として是認することができない。

　いずれにしろ、本件解雇の意思表示は解雇権の濫用として無効というべきである。

3. 関連判例　イースタン・エアポートモータース事件（東京地判・昭55.12.15）

　ハイヤー運転手が髭をたくわえることは労働契約上あるいは作業慣行上許されず適法な労務の提供といえないことを理由に使用者がなした下車勤務命令につき、個人の容姿の自由は個人の尊厳および思想表現の自由の内容であり右命令には正当な理由がないとして、髭を剃ってハイヤーに乗務する労働契約上の義務のないことの確認を求めた事案です。

裁判所は、「『乗務員勤務要領』により指示された車両の手入れ、身だしなみを履践することはもちろん髭を剃るべきこともまた当然である」として、乗務員勤務要領を業務命令として捉え、運転手が髭を剃って乗務すべき義務を認めました。

社内での宗教勧誘に関する問題

事例 8

　私は、アルバイトを含めて従業員10数名の小さな会社X社(接客業)を経営しています。最近、従業員Yが、社内で宗教の勧誘活動を行っていることが発覚しました。

　最近入社した社員から、「ある社員(Y)から宗教の勧誘をされて困っている。休み時間に事業所内で勧誘を受けている。断っているのに何度もしつこく勧誘されている」との訴えがありました。訴えてきた社員は入社直後から約1年半にわたって勧誘され続けたようで、あまりのしつこさに困って社長の私に訴えてきたようでした。訴えてきた社員は、最近出勤するのも苦痛だそうです。さらに、訴えてきた社員の話では、別の社員も宗教の勧誘を受けて困っているとの情報もあり、別の社員の場合、仕事の後に食事に誘われて就業時間外に事業所外で宗教の勧誘を受けている様子です。

　会社としては、現在は、本人に隠密で勧誘の実態調査を行っている段階です。

　こんな状況では、職場の雰囲気が荒れて、営業に支障が出るのも時間の問題です。そこで、事業所外を含めて社員間の宗教の勧誘を禁止したいのですが、可能でしょうか。宗教の勧誘を理由に社員を解雇することは可能でしょうか。

ANSWER

憲法　20条

(信教の自由)
第20条　信教の自由は、何人に対してもこれを保障する。いかなる宗教団体も、国から特権を受け、又は政治上の権力を行使してはならない。
2　何人も、宗教上の行為、祝典、儀式又は行事に参加することを強制されない。

3 国及びその機関は、宗教教育その他いかなる宗教的活動もしてはならない。

信教の自由

解説

1 業務時間中であるかどうかがポイント

　本事案で問題となっているのは、憲法に定められた信教の自由です。社員Yには憲法上、信仰の自由、宗教的行為の自由が保障されており、自己の信ずる宗教に勧誘する行為は宗教的行為であり、その自由は保障されています。

　信教の自由は人格の形成に関わる重要な権利です。通常このような精神的自由は、よほどのことがない限り公権力による制限を受けませんし、制約する場合には裁判所から厳格に判断されることになります。しかし、今回の場合、制約の主体は私人である会社です。私人間においては、原則的に直接憲法が適用されないため、私法の一般条項に憲法の規定を取り込んで解釈適用することで、間接的に私人間にも適用していくことになります（間接適用説）。

　誰がどのような政治的信念を持ち、どのような宗教を信じるかについては本人の自由であり、他人が介入できることではありません。これは、憲法上**信教の自由**として保障されており（**憲法20条**）、たとえ、使用者と従業員という私人間の関係であっても、内心の問題にとどまる限りはその自由を奪うことはできません。

　しかし、業務時間中に、政治活動や宗教活動をするようであれば、従業員の**職務専念義務**に違反することになります。こうなれば、使用者としてもその行為を禁止することができます。通常は、就業規則等に、業務時間内の政治活動、宗教活動を禁止する規定を設けています。また、就業規則に業務時間内の政治活動、宗教活動を禁止する規定がなかったとしても、職務専念義務違反となり、何らかの処分の対象となります。

今回のケースでは、宗教の勧誘活動について就業規則において禁止条項を設けることが信教の自由を侵害し、公序良俗に反して無効ではないかが問題になります。Yには宗教行為の自由が認められている一方、X社には**営業の自由**（憲法22条1項）から導かれる**職場秩序維持権**が認められています。

たしかに、宗教の勧誘の自由は憲法上の人権ですが、それによって職場の秩序が乱されるような場合には、会社の職場秩序維持権に配慮し、相当な範囲の合理的な制限は認められるべきでしょう。

就業規則は「**企業秩序維持**」のために定められています。今回のケースのような場合、円滑に業務に専念できる職場環境の維持に支障が生じているのであれば、就業規則で所定就業時間（始業から終業まで）に勧誘行為を禁止することは、合理的な制限といえるでしょう。

これに対して、所定就業時間外にまで勧誘活動を禁止することは職場秩序の管理維持としては合理的な範囲を超えるでしょう。もっとも、X社は接客業ですから、万が一、宗教の勧誘が顧客にまで波及すれば、悪いうわさが立ち、事業に決定的な悪影響がある可能性も否定できませんし、そうなってしまってはもはや内部的な問題ではなくなる可能性も多分に秘めていますから、厳格な要件のもとに顧客に対する勧誘活動を制限しても公序良俗には反するとはいえないでしょう。

2 解雇はできるのか

では、勧誘活動を理由に解雇はできるのでしょうか。これは労働契約法16条の解雇権濫用法理の問題となってきますから、解雇には客観的に合理的な理由があり、社会通念上相当な場合でなければなりません。

このケースについても、「保護事由」と「帰責事由」のバランスで考えるべきです。たしかに、X社には企業秩序維持という保護事由があり、Yには職務専念義務違反という帰責事由があります。しかし、Yが単に勧誘行為をしているというだけでは、信教の自由の重要性に鑑みても、解雇するまでの正当事由（X社にとっての保護事由であり、Yにとっての帰責事由）は認められないでしょう。

しかし、勧誘行為の禁止を就業規則に定め、それに対する注意や指導を何度も与えたにもかかわらず、注意に従わないような場合は意図的な業務命令違反にあたりますし、他の社員や顧客に迷惑を及ぼしたような場合、それは非違行為であると評価されますから、解雇の合理的理由が認められる程度に達するといえましょう。また、他の社員の業務遂行をストップさせてしまう等、その影響が大きかった場合、解雇の相当性も認められることになるでしょう。

したがって、宗教活動を業務時間内に行っている場合には、その行為に対して注意しても構わないし、何度注意しても改める様子がないようであれば、最悪の場合、懲戒規定に則り、解雇にもできると考えられます。

❸ 業務時間外であれば、原則として自由にさせなければならない

しかし、休憩時間や業務終了後等の業務時間外に行う宗教活動に関しては、原則として、会社が介入することはできません。昨今では、外国人労働者も増えているので、休憩時間にお祈りをする者等も増えているでしょうが、こうした行為も業務に支障がない限り、禁止することはできません。

ただし、残業時間はれっきとした労働時間であり、この残業時間中に政治活動や宗教活動を行うようであれば、使用者は業務時間内と同様、注意してかまいません。

態度の悪い社員への対応に関する問題

事例 9

ここ数年間、X社で私の部下として働いている社員Yはあまり業務成績が芳しくなく、私からアドバイスをしたり、叱ったりすることがあるのですが、どうやらそれが納得できないようで、話をするとYはすぐ目をそらし、ふて腐れた態度で話を聞いています。これでは業務成績の改善も難しいし、他の社員の士気も落ちてしまいます。かといって、大きな声で叱り飛ばしても逆効果にしかならない気がするのです。このような社員にはどのように対処すればよいのでしょうか。

ANSWER

対応 注意指導→戒告処分→退職勧奨→解雇

解説 仕事に関する注意や指示を与えてもふて腐れた態度をとる

1 主観的に評価することの問題点

上司にとっては不遜な態度このうえないと感じたとしても、部下にしてみれば、それがいたって普通の態度であると考えている場合があります。そうだとすると、その者に、文書で「態度が悪かったことを反省するように指導した」という内容の指導書に名前を署名するように求めたとしても、部下は、自分の態度は悪くないと考えているので、その指導書に署名はしないことが考えられます。

ここで問題となってくるのが、態度の善し悪しに関して客観的な基準がないということです。人の感じ方はさまざまですので、部下がとった態度を上司が主観で評価して相手に納得させることは困難でしょう。結局双方譲らず、お互い感情的になり生産性のない口論が発生したり、上司が怒鳴ることでパワハラだ等といわれてしまうこともあるでしょう。そこで、客観的な基準を提示する必要があるのです。

2 客観的なモデルの提示

　従業員の態度が問題であるか否かを客観的に判断するのに有用なのは、指導・注意をする場合にとるべき態度のモデルを示すことです。すなわち、とるべき態度を業務指示であらかじめ基準として提示しておき、それに反する態度をとった場合に、業務指示違反として業務指導を与えるという流れをとるのです。

　具体的には、「上司から注意・指導を受けるときは、相手の目を見て指導・注意を聞き、理解できたときは『了解しました』と答え、それについて意見を求められたときにはじめて自分の思っていることを伝えるようにすること」等の業務指示を出しておき、部下がそれに反する態度をとったときに、その行動に対して注意・指導・処分を下すようにすればよいでしょう。

　態度の悪さを主観的に捉えて指摘するのではなく、その態度が、会社の指示するモデルにあてはまっているか否かという客観的な基準に合致していないと指摘することで、相手方の意思に関係なく指導・注意が行えるようになります。

3 類似ケース：仕事はこなしているが、仕事の報告連絡をまったくしてこない

　類似ケースとして、以下のような例を考えてみましょう。

　X社の課長が、部下のYに来季の商品の企画を任せているとします。しかし、Yはその進捗状況をまったく報告せず、課長は現在その企画がどのような状況にあるのかまったくわからない状態です。そこで、Yに対して報告するように指示したところ、やっと今の状況を伝えてきました。それによると、どうやらしっかり仕事はやっているようではありますが、そこからしばらく経ってもYから次の報告はなされません。このような場合、課長はどのように対応したらよいのでしょうか。

　このような場合も、最初の例のように業務指示として従業員がとるべき対応を提示しておくのが効果的です。仕事を任せた従業員に対して、何日に一度進捗状況を自分に報告するように指示し、それがなされないときには、業務指示違反として指導書を出すという流れをとります。

　重要なのは、なるべく主観的な要素を排除して、第三者でも判断できるような客

観的に明確な基準を最初に提示しておくことです。それによって、判断基準が明確となり、業務指導を行ってきた証拠を積み重ねることができるのです。

4 業務規則集の必要性

　客観性のある基準を従業員に提示することは非常に効果的な反面、いちいち業務指示として従業員の態度や、日常業務のやり方を定めるのは骨の折れる作業です。そこで、業務規則集を作成することをお勧めします。就業規則と異なり、業務規則集とは従業員の行動規範を業務命令として独立した形式で定めたものです。それを従業員に示すことでとるべき行動の指針を示しておけば、注意・指導もしやすくなります。

　具体的には、「外出するときは上司に報告する」「帰社したら上司に報告する」「電話応対ではメモをとりながら行う」といったようなものをまとめたものです。

　使用者が自分では常識であると考えていても、すべての社員に理解されているわけではないので、必要最小限の所作について業務規則集として小冊子にして従業員に配布するか、社内サーバ等で閲覧できるようにし、朝礼のときに1日1件ずつ確認する等といったかたちで徹底させれば、円滑に日常業務を遂行することができるようになるでしょう。

　業務規則集を会社が周知徹底することは、従業員の「規範意識」「遵法精神」を育て、強化することにつながるのです。

5 態度の悪い社員を放置することの弊害

　勤務態度が悪い社員には、注意指導を徹底して、そのような勤務態度は許されないのだということを理解させる必要があります。訴訟や労働審判になってしまった事例においては、当然行うべき注意指導がなされていなかったというケースが多く存在します。

　勤務態度が悪い社員を放置することにより、他の社員のやる気がそがれたり、新入社員がいじめられたり、仕事を十分に教えてもらえなかったりして退職してし

まったりすることもあり、また、金品の横領、手当等の不正受給の温床にもなったりします。放置は、「規範意識」や「遵法精神」を低下させるばかりなので、絶対にしてはなりません。

長年にわたって勤務態度の悪い社員を放置してきた職場において、新任の上司があるべき勤務態度に是正しようとして反発を買い、トラブルになることも多く見受けられます。

勤務態度の悪さが長年放置された場合、規範意識や遵法精神が低下するため、態度の悪さは年々悪化していき、その社員の態度を改めさせるのはいっそう難しくなります。このような場合、解雇・退職の問題に発展することも多いので、勤務態度が悪化する前に、対処する必要があります。

こういった社員は、時間をかけて根気強く注意指導していく必要があります。たとえ注意指導しても従おうとしないからといって、放置してはいけません。

上司が注意指導しても成果が上がりにくく、嫌な思いをすることが多いこともあり、勤務態度が悪い社員を放置したままにする上司も多く見受けられます。会社はそのことを念頭に置いて、管理職の教育、評価を行っていく必要があります。

勤務態度の悪さの程度が甚だしい社員については、直属の上司1人に任せきりにするようなことはせず、組織として対応するのがよいでしょう。

6 具体的な対応

(1)注意指導

口頭で注意指導しても勤務態度の悪さが改まらない場合は、将来の懲戒処分、退職勧奨、解雇、訴訟活動を見据えて、書面で注意指導する必要があります。

書面で注意指導することにより、本人の改善をより強く促すことになります。訴訟や労働審判になった場合、勤務態度の悪さを改めるよう注意指導した証拠を確保することもできるのです。

訴訟や労働審判では、労働者側から、「自分の勤務態度は悪くないし、十分な注意指導を受けていないから解雇は無効である」といった主張がなされることが想

定されます。

その場合、口頭で注意指導しただけで書面等の客観的な証拠が残っていないのであれば、当該社員の勤務態度の悪さが甚だしいことや十分な注意指導をしたことを立証するのは困難です。紛争が表面化してから作成された上司・同僚・部下の陳述書や法廷での証言も、証拠価値が高いとはいえません。

電子メールを送信して改善を促しつつ注意指導した証拠を確保する方法も考えられますが、メールでの注意指導は、口頭での注意指導を十分に行うことが前提です。

面と向かっては何もいわずにメールだけで注意指導した場合、コミュニケーションが不足して誤解が生じやすいため注意指導の効果が上がらず、かえってパワハラである等と反発を受けることも珍しくありません。

⑵懲戒処分

書面で注意指導しても勤務態度の悪さが改まらない場合は、懲戒処分を検討すべきです。

まずは、けん責、減給といった軽い懲戒処分を行い、それでも改善しない場合には、出勤停止、降格処分と次第に重い処分をしていくこととなります。

懲戒処分を下すと職場の雰囲気が悪くなる等といって、懲戒処分を行わずに辞めてもらおうとする場合も見受けられますが、懲戒処分もせずにいきなり解雇した場合のほうが社員にとって不意打ちになりトラブルになりやすいのです。また、よほど悪質な事情がある場合でない限り、解雇が無効と判断されてしまう可能性も高いでしょう。

そもそも、勤務態度が悪い社員に対して注意指導や懲戒処分ができないようでは、組織として十分に機能しているとはいえません。必要な注意指導や懲戒処分を行い、職場の秩序を維持するのは、会社の責任です。

⑶退職勧奨

態度の悪さの程度が甚だしく、十分に注意指導し、懲戒処分に処しても態度の悪さが改まらず、改善の見込みが低い場合には、会社を辞めてもらう他ありません

ので、退職勧奨や解雇を検討することになります。

十分に注意指導し、繰り返し懲戒処分を行っており、解雇が有効となりそうな事案では、解雇するまでもなく、合意退職が成立することが多くあります。これに対し、態度の悪質さがそれほどではない場合で、十分な注意指導や懲戒処分がなされていない等の理由から解雇が有効とはなりそうもない事案、誠実に勤務する意欲が低かったり能力が低かったり等の理由から転職が容易ではない社員の事案、本人の実力に見合わない適正水準を超えた金額の賃金が支給されていて転職すればほぼ間違いなく当該社員の収入が減ることが予想される事案等では、当該社員に退職届を提出させる難易度が高くなります。

⑷解雇

態度の悪さの程度が甚だしく、十分に注意指導し、懲戒処分に処しても勤務態度の悪さが改まらず、改善の見込みも低い場合には、退職勧奨と共に解雇を検討しなければなりません。

普通解雇・懲戒解雇が有効かどうかを判断するにあたっては、単に就業規則の普通解雇事由や懲戒解雇事由に該当するだけでなく、客観的に合理的な理由が必要であり、解雇が社会通念上相当なものである必要もあります（**労契法16条。解雇権濫用法理**）。

解雇に客観的に合理的な理由がない場合は、解雇権または懲戒権を濫用したものとして無効となってしまいますし、そもそも解雇事由に該当しない可能性もあります。

解雇に客観的に合理的な理由があるというためには、労働契約を終了させなければならないほど勤務態度の悪さの程度が甚だしく、業務の遂行や企業秩序の維持に重大な支障が生じていることが必要となります。

また、勤務態度が悪い社員の解雇が社会通念上相当か否かを判断するには、勤務態度の悪さが業務に与える悪影響の程度、態様、頻度、過失によるものか悪意・故意によるものか、勤務態度が悪い理由、謝罪・反省の有無、勤務態度の悪さを是正するために会社が講じていた措置の有無・内容、平素の勤務成績、他の社員に対する処分内容・過去の事例との均衡等が考慮されることとなります。

ここでいう会社の措置とは、すなわち、注意指導、懲戒処分等です。これで勤務態度が改まるのであれば、注意指導等により是正すれば足りるのですから、解雇権濫用・懲戒権濫用の有無を判断するにあたって、注意指導、懲戒処分等ではその従業員の勤務態度の悪さが改善されないかどうかが問題となってくるのです。

　客観的な証拠がないのに、注意指導や懲戒処分をしても勤務態度の悪さは改まらないと会社側が思い込んで解雇するケースも散見されますが、これは非常に危険です。客観的証拠から改善の見込みがないことを立証できる場合でない限り、実際に注意指導や懲戒処分を行って改善の機会を与えたうえで、職場から排除しなければならないほど勤務態度の悪さの程度が甚だしく、注意指導や懲戒処分では改善される見込みがないことを確かめてから、解雇しなければなりません。

7 今回のケースでは

　X社としては上司の話を聞くときの姿勢、態度のモデルをYに業務指示で基準として示し、その基準に合致していないときには、その点を指摘し、改善が見られない場合は業務指示違反として、処分を下すことを考えましょう。

無断アルバイトをしている社員に関する問題

当社の社員が業務終了後無断でアルバイトをしていることが発覚しました。当社は就業規則で会社の許可なく兼業をすることを禁止しているのですが、会社としてはどのような対応が考えられるでしょうか。

ANSWER

就業規則 副業許可制・届出制の導入

解説

会社に無断でアルバイトをしている社員

1 業務時間外は原則として従業員の自由

従業員が就業時間外のプライベートな時間をどのように使うかは、原則として個人の自由であり、会社が規制すべきものではありません。したがって、この時間に他の会社で働くことも原則として個人の自由です。

そもそも、労働者と会社との間で採用の際に結ぶ雇用契約(労働契約)は、決められた労働時間に労働することを約したものです。つまり、雇用契約で定められた時間以外は、会社の指図に拘束されないことを意味します。

したがって、公務員等の法律で兼業が禁止されている場合を除いて、一般の労働者は、原則として自由に兼業をすることができます。

ただし、実際問題として、兼業をまったく従業員の自由にまかせてしまうと、日常の業務に支障が出てくる場合があることも事実です。

具体的にいうと、①本業よりも副業に力を入れてしまい、本業がおろそかになる場合、②副業があるからといって残業を拒否する場合、③風俗店等、会社のイメージに悪影響を与える場合、④休養する時間が少なくなり、睡眠不足、肉体疲労等で仕事に影響が出る場合、⑤その他、企業秩序に悪影響を与える場合等が挙げられます。

会社としては、日常の業務に支障が出ては困るので、副業に一定の規制を設けること自体は当然のことといえるでしょう。

② 就業規則に副業について規定する

副業を規制する場合、就業規則にその旨を規定するのが一般的です。実際にも、多くの企業で就業規則に兼業を規制する規定が設けられています。また、服務規定や懲戒規定に副業について定める場合も少なくありません。

副業禁止に関する規定があれば、従業員の副業によって、日常の業務に支障が出た場合、その従業員を懲戒処分の対象にすることができます。また、支障が出ている度合いに応じて、妥当な処分をすることも可能でしょう。

会社の対外的イメージ低下や、企業秩序に悪影響を与えた場合には懲戒解雇もありえます。具体的には、例えば、風俗店でアルバイトをしている場合等は、副業をしているという事実だけで懲戒解雇にすることも可能でしょう。

しかし、週3回2時間程度の普通のアルバイトをする程度であれば、兼業という事実だけをもって処分することは難しいでしょう。この場合でも、会社に無断で行っていれば、譴責等の軽い処分に処することは可能です。そして、その後に居眠りをしたり、残業を拒否したり等の影響が出た場合には、重い処分を科すことができます。このような場合、いきなり重い処分をするのではなく、事前の注意・指導を含めて段階をふんで処分することが重要です。

③ 就業規則の規定の仕方

就業規則に副業を規制する規定を設けている会社は多くあります。会社としては、従業員に自社の業務に専念してもらい、業務時間外に副業をするのは禁止したいと思うのも仕方ありません。しかし、前述のとおり業務時間外は原則として自由時間である以上、むやみに副業禁止とするのも問題があります。

そこで、就業規則に規定する場合には、会社へ事前に副業の許可を得ることを求める許可制や、副業をすることを書面で提出させる届出制にするとよいでしょう。

これらの方法であれば、会社は従業員の副業を把握できますし、業務に支障があると判断した場合は、許可制の場合には許可しないこともできます。このようにすることで、職場の秩序維持も期待できます。

出向社員と解雇に関する問題

事例 11

X社では、親会社から出向している社員Yが働いています。このYが大変な問題社員で、業務遂行上必要な上司の指示・命令に従わず、服務規律を守ろうとしません。ことあるごとに注意しているのですが、態度を改めないのです。ついに先日、Yが会社の金を着服していることが発覚しました。当社としては、これ以上Yに在籍してもらっては困るのですが、当社で出向社員であるYを懲戒解雇にしても構わないのでしょうか。

ANSWER

憲 法 31条・適正手続

第31条　何人も、法律の定める手続によらなければ、その生命若しくは自由を奪はれ、又はその他の刑罰を科せられない。

解 説

出向してきた社員の解雇

1 労働者には、企業秩序を遵守する義務がある

　一般に、労働者は、労働契約を締結したことにより、企業の存続と事業の円滑な運営の維持のために必要な企業秩序を維持する義務を負うものと解されています。そして、企業は労働者の企業秩序違反行為に対して、規則の定めるところにより制裁罰として懲戒を科すことができるのです。

　懲戒処分は、就業規則に明記された事由、種類、程度の定めに基づいて、事例に照らして相当な程度・種類の処分を、所定の手続を経て科されることになります。

普通解雇が有効となるためには、一般に、具体的な事情のもとで、解雇が客観的に合理的であると認められる理由があり、社会通念上相当と認められるものであることが必要ですが、懲戒解雇とするためには、さらに、制裁として解雇により労働関係から排除することが正当と認められる程度の服務規律の違反であることが必要になります。

今回のケースでは、労働者がたびたび上司の指示・命令に従わない等の、服務規律違反を繰り返し、改善の見込みがないことが認められますし、会社の金銭を着服するという犯罪行為を行っているのですから、自社の従業員であれば、懲戒解雇が当然に認められるでしょう。

しかし、出向してきた社員の場合は、取扱いが異なるということに注意が必要です。

2 出向中の労働契約

出向（在籍出向）とは、一般に、労働者（出向社員）が自己の雇用先の企業（出向元）に在籍のまま、他の企業（出向先）の事業所において相当な長期間にわたって、出向先の企業で業務に従事することをいいます。つまり、出向社員は、出向元との雇用契約を維持したまま、出向元への労務提供を停止して、出向先の指揮命令のもとに労務を提供します。

一般的に、**出向中の労働契約**は、出向元との当初の雇用契約上の権利義務を維持したまま、それが出向元と出向先とに配分されて存在すると考えられています。出向元と出向先との契約に基づいて、出向先がどのような権限を有するかが決まり、それによって、出向先と出向労働者との関係も決まってきます。

3 出向と懲戒処分

出向者は、出向先の指揮命令下で労務を提供するので、出向先の勤務管理や服務規律に服することとなります。このため、出向先は、労務提供を受けるにあたって、企業内の秩序を維持するために、出向社員についての懲戒権を有します。

しかし、基本的に労働契約を解約する解雇は、契約の当事者でない出向先はすることができません。

出向社員は、出向元との労働契約を維持しつつ出向先に労務を提供する存在ですから、出向元の労働契約そのものを解除することができるのは、出向元のみがなしえるのです。懲戒解雇も契約関係そのものを解消することになるので同様なのです。

したがって、Yを解雇するためには、出向を取り消して、出向元へ復帰させた後に、出向先であるX社での非違行為を対象として、出向元の就業規則に基づいて懲戒解雇を含めた懲戒処分に処する必要があります。

今回のケースでは、問題となっているYを、X社の業務命令により、出勤停止・自宅待機処分にして、出向元と協議し、以後の対処について考えるという手順をふむとよいでしょう。なお、この出勤停止命令期間中は、不正再発のおそれがある等の、出勤停止を命じることについて実質的な理由が認められない限り、賃金の支払義務がありますので注意してください。

4 二重処罰の禁止

一般に、同一事犯について2回懲戒処分をすることはできません。これを一事不再理・二重処罰の禁止の原則といいます。これは憲法の**適正手続**（**憲法31条**）の規定から導かれる原則です。

例えば、今回のケースで出向先の会社が、出向元との関係を考慮して、Yの着服について軽い処分で済ませたとします。その後出向元がこの着服事件についてYを再度懲戒処分にすることはできないのです。ただし、出向の場合、出向先での非違行為の程度が著しい場合等は、出向先において業務を適正に遂行すべきであるという出向社員と出向元との契約に違反するという理由や、非違行為により出向元の信用を著しく傷つけたため、従業員たる地位・身分に基づく規律遵守への違反と評価できる場合等は、出向元の企業秩序違反行為の観点から、別個に相当な懲戒処分を科すことができると解されます。

事例 12

虚偽の理由による年次有給休暇申請に関する問題

入社5年になる従業員Yが過日、父親が病気で入院したからという理由で1週間の年次有給休暇の取得を申し出てきたので、休暇を認めました。

ところが、Yの父親が病気というのはまったくの偽りで、実際は、この休暇を使って、Yは沖縄旅行に出かけていたことがわかりました。当該従業員の行為は許しがたく、会社（X社）としては、ただちに休暇を取り消し、欠勤扱いとするべく措置をとることを考えています。こうした措置は、問題があるでしょうか。

ANSWER

判 例	林野庁白石営林署事件・最判昭48.3.2
	久保田鉄工事件・大阪地裁昭41.7.8
	古河鉱業足尾製作所事件・東京高判昭55.2.18

解 説

年次有給休暇と虚偽の請求理由

1 利用目的による休暇の付与・不付与は許されない

この事例のポイントは、請求理由と異なる年次有給休暇（年休）の申請が許されるべきかにあります。年休については、原則として、労働者が何に利用しようと、使用者の干渉を許さない労働者の自由であり、実際の理由が申請理由と異なっていても、ただそれだけの理由で当該年休の取消しをすることはできないものと考えるべきでしょう。

会社側にすれば、実際の利用目的がわかっていれば、当該労働者の年休時季指定に対し使用者側が、時季変更権を行使しえたであろう事情があったので、当該労働者の年次有給休暇を取り消すことが可能であったのにと思われているかもしれません。しかし、特段の事情がある場合の他は、単に虚偽理由を付して休暇申

請したことをもって、誠実義務に違背するものということはできないでしょう。

　今回のケースでは、申請理由が虚偽である場合の年次有給休暇の取得は認められるかが問題とされているのは前述したとおりですが、さらに、もう一つ懸念される問題点は、Ｘ社では、年次有給休暇の利用目的をあらかじめ届出させておき、その利用目的を承認・不承認にかからしめているように思えることです。

　Ｘ社が実際にそうした状況にあるならば、それは問題で、労働紛争に発展しかねない要素を含んでいるといえます。

　最高裁の判例によれば、「年次有給休暇の権利は、労働基準法39条1・2項の要件が充たされれば、法律上当然に生ずる権利である」とされ、そして、「要件を具備した労働者が休暇日数の範囲内で、休暇の始期と終期を特定して時季指定をなせば、使用者が時季変更権を行使しない限り、右の時季指定により、年次有給休暇が成立する」とされています（**林野庁白石営林署事件・最判昭48.3.2**）。

　したがって、「年次有給休暇の利用目的は、労働基準法の関知しないところであって、休暇をどのように利用するかは使用者の干渉を許さない労働者の自由である」とされるのです。

　つまり、年次有給休暇の利用目的いかんによって、休暇を付与したりしなかったりすることは許されないということです。

2 利用目的の聴取により緊急・重大なものから付与することは可能

　しかし、例えば、年次有給休暇の取得希望者の時季指定が重なって、希望者全員の時季指定を認めると、事業の正常な運営が妨げられるような場合には、希望者全員から利用目的等を聴取し、休暇の利用目的の緊急性や重要性を有する者から休暇を与え、そうでない者に対しては時季変更権を行使することは、「合理性」のある措置として許されるでしょう。

3 判例の立場

　では、本当の理由とは違った理由を休暇申請書等に書いて、休暇取得の申請を

した場合はどうなるのでしょうか。この場合も基本的には、「**休暇自由利用の原則**」が基本である以上、本当の理由と違っていても問題はないということになるはずです。この原則を判決根拠とした判例を紹介します。

久保田鉄工事件（**大阪地裁昭41.7.8**）では、「年次有給休暇は自由に利用できるものであり、請求に当たって取得理由を申告する必要のないものであるから、取得理由を偽ったからといって誠実義務に違背するものでない」と指摘しています。

一方で、年次有給休暇の取得にあたって、申請理由と実際の利用が異なっていたことから当該労働者が懲戒処分を受け、その適法性が争われたケースもあります。例えば、**古河鉱業足尾製作所事件**（**東京高判昭55.2.18**）では、休暇届に虚偽の記載をしたことは、「勤務に関する所定の手続を怠った」ということで懲戒事由に該当するとの判断を示しています。

４ 今回のケースについて

たしかに、年次有給休暇の利用は自由ですので、X社としては従業員に利用目的について申告させて、その目的いかんによって年次有給休暇の取得の可否を決定するようなことは原則としてできません。ただし、許可・不許可とは関係なく、従業員に年次有給休暇の取得目的を強制にわたらない範囲で尋ねることは問題ありません。

例えば、年次有給休暇の申請用紙に「取得の目的」という欄を設けたからといって、それが即座に問題になるものではありません。従業員としては、「私用のため」とだけ書いておけばよいからです。

では、虚偽の具体的目的を記入した場合はどうかといえば、ただ単に虚偽の目的を記載したのみでは懲戒処分の対象とするのは前述の判例の趣旨からも難しいでしょう。

ですが、従業員の父親が病気という理由で1週間もの休みを取得希望すれば、会社としては、従業員の状況を案じ、何らかのかたちで支援ができないか検討するなどの行動を起こすのが通常でしょう。例えば、従業員Yの父親が、Yの健康保

険に扶養家族として加入しているような場合には、高額療養費の限度額申請の手続をあらかじめとるようにアドバイスすることも考えられます。年次有給休暇取得に際し虚偽の目的を申請することは、会社に無用の心配と負担をかける場合もあるのです。

　このような場合に会社は、事実が判明すれば、虚偽記載について、何らかの注意・指導を行うことは可能です。ただし、あくまで、注意・指導にとどめ、同様の行為を繰り返してはじめて、軽い処分を行うべきでしょう。

無断欠勤と退職に関する問題

1か月行方不明になり、無断欠勤を続けている従業員Yがいます。当社(X社)の就業規則では、「無断欠勤が1か月以上続いた場合には、退職扱いとする」と規定しています。この規定に基づいて退職扱いとして問題ないでしょうか。

ANSWER

民法 97条・98条

(隔地者に対する意思表示)
第97条　隔地者に対する意思表示は、その通知が相手方に到達した時からその効力を生ずる。

(公示による意思表示)
第98条　意思表示は、表意者が相手方を知ることができず、又はその所在を知ることができないときは、公示の方法によってすることができる。

2　前項の公示は、公示送達に関する民事訴訟法(平成8年法律第109号)の規定に従い、裁判所の掲示場に掲示し、かつ、その掲示があったことを官報に少なくとも一回掲載して行う。ただし、裁判所は、相当と認めるときは、官報への掲載に代えて、市役所、区役所、町村役場又はこれらに準ずる施設の掲示場に掲示すべきことを命ずることができる。

3　公示による意思表示は、最後に官報に掲載した日又はその掲載に代わる掲示を始めた日から二週間を経過した時に、相手方に到達したものとみなす。ただし、表意者が相手方を知らないこと又はその所在を知らないことについて過失があったときは、到達の効力を生じない。

4　公示に関する手続は、相手方を知ることができない場合には表意者の住所地の、相手方の所在を知ることができない場合には相手方の最後の住所地の簡易裁判所の管轄に属する。

5　裁判所は、表意者に、公示に関する費用を予納させなければならない。

就業規則の定め

行方不明になった社員

解　説

1 社員の無断欠勤は会社にとってはデメリット

　従業員が無断欠勤を続けると、会社の業務の遂行に支障をきたし、他の社員に過大な負担をかけなければならない事態も生じます。また、無断欠勤をしている従業員の社会保険料を負担し続けなければならない等、会社にとっては、大きなデメリットが存在します。となると、会社を早く辞めてもらいたいと考えるのも仕方のないところです。

2 就業規則の定め方

　このような無断欠勤の社員に対する措置としては、就業規則に定める方法として二つのパターンが考えられます。

　一つ目は、今回のケースのように「一定期間(特定期間を定めておく)無断欠勤が続いた場合は退職扱いとする」というように、一定期間が経過したときに労働契約が終了する規定を設けるパターンです。

　この場合には、あらかじめ定められた退職事由の発生による退職扱いとなり、解雇とは異なり、解雇予告や解雇予告手当等の問題は発生しないので、手続がスムーズに進みます。この「一定期間」については、2週間としている会社が多く存在します。

　さらに、退職の事実を家族および届出先住所への郵送により通知する旨を定めておけば、なおよいでしょう。

　二つ目は、懲戒事由に「一定期間無断欠勤が続いた場合」と定めておき、懲戒解雇扱いにするパターンです。

解雇予告は直接本人に伝えなければなりませんが、民法97条によれば、意思表示はその通知が相手方に到達したときにその効力を生じるとされています。したがって、社員に対する解雇通知も、本人に到達しない限り法的効力は発生しません。もっとも、「家族に連絡をとったところ、本人に出勤の意思がない旨聞いたとの証言を得た場合」や「当該労働者が他社に就職していることが判明した場合」は、労働者からの労働契約解約の申入があったと解することができるとされています。

それでは、今回ケースのように、解雇の対象者が行方不明の場合はどうすればよいのでしょうか。

厳格な手続をふむのであれば、民法98条2項（行方不明のための公示の方法）の規定により、裁判所の許可を得て裁判所の掲示場に解雇する旨の意思表示を掲示し、かつ官報及び新聞紙上に掲載しなければなりません。

ちなみに、民法98条1項は、「意思表示は、表意者が相手方を知ることができず、又はその所在を知ることができないときは、公示方法によってすることができる」と規定しています。

民法98条2項および3項によると、公示による意思表示は、「裁判所の掲示場に掲示し、かつ、その掲示があったことを官報に少なくとも1回掲載して行う」とされています。そして、「最後に官報に掲載した日又はその掲載に代わる掲示を始めた日から2週間を経過した時」に、相手方に到達したものとみなされることになっています。

ただし、この解雇の手続は、かなりの労力と時間を必要とするため、あまり現実的ではありません。

よって、一つ目の、自然退職とする扱いの規定を設けておくことが望ましいといえます。

また、犯罪等に巻き込まれて連絡できない場合がありえるので、そういった場合に対応できるように、会社が認める場合には退職または解雇扱いとはしない旨を定めておくとよいでしょう。

危険を伴う業務命令に関する問題

事例 14

当社は、大手の電気工事会社の下請け会社です。例年、台風シーズンになると、自然災害により被害を受けた電気系統の改修工事の要請が激増します。なかには、極めて危険な場所もあり、大雨のなかそうした災害地に出向いての作業は生命の危険もあるとして、社員の中には出張等に業務命令を拒否する者も少なくありません。

会社としては、業務命令に従わないそうした労働者に対し、業務命令違反として、懲戒処分を考えています。何か、問題があるでしょうか。

ANSWER

労働契約法　3条5項

第3条　労働契約は、労働者及び使用者が対等の立場における合意に基づいて締結し、又は変更すべきものとする。

（略）

5　労働者及び使用者は、労働契約に基づく権利の行使に当たっては、それを濫用することがあってはならない。

判例　電電公社帯広局事件・最判昭61.3.13

イースタン・エアポートモータース事件・東京地判昭55.12.15

JR東日本事件・最判平8.2.23

国鉄鹿児島自動車営業所事件・最判平5.6.11

危険を伴う業務に対する会社の業務命令は許されるか

解 説

1 業務命令の意義と限界

⑴業務命令とは

業務命令とは、使用者が労務遂行の全般について、労働者に対して発する指示・命令のことをいい、その内容は広範囲に及びます。

使用者の業務命令について、判例も、「使用者が業務遂行のために労働者に対して行う指示又は命令」と定義しています（**電電公社帯広局事件・最判昭61.3.13**）。

この業務命令権限の根拠は、労働者が労働力の処分を使用者に委ねることを約した「**労働契約**」にあるとされています。業務命令が、就業規則等の規定に基づく相当な命令である限り、労働者はその命令に従う義務があります。

しかし、その業務命令権が、労働契約において労働者がその労働力の利用を使用者に委ねたと解される合理的な範囲を超えて行使された場合には、業務命令権の濫用とされ、無効とされます（**労契法3条5項**）。

⑵業務命令の限界

業務命令の限界は、労働契約の内容によって決まりますが、具体的には就業規則の条項等の合理的解釈等によって定まることになります。

そして、業務命令が、その内容に合理性を欠くならば、法的拘束力はなく、命令を受けた労働者がこれを拒否しても、懲戒処分その他の不利益を受けることはないと考えられています。

裁判例においても、「乗務員勤務要領」に基づき口髭をそるよう発せられた業務命令の可否をめぐって争われた事案につき、「必要かつ合理的であったとは認めがたいと言わなければならない」として、「業務命令」の合理性が否定された例（**イースタン・エアポートモータース事件・東京地判昭55.12.15**）があります。

また、労働者に対し就業規則の書き写し等を命じた会社の「業務命令権」の裁量の範囲をめぐって争われた事案においても、「業務命令が懲罰的目的で発せら

れ、その目的においても具体的態様においても不当なものであって、肉体的・精神的苦痛を与えて人格権を侵害するものである。会社側の業務命令は合理性がない」として、会社の「業務命令」は否定されています（**JR東日本事件・最判平8.2.23**）。

　他方、会社の「業務命令」を肯定している裁判例も少なくありません（**国鉄鹿児島自動車営業所事件・最判平5.6.11、三菱電機静岡工場事件・静岡地判昭46.8.31等**）。

2 危険業務・自然災害と業務命令

⑴危険業務と業務命令

　問題は、会社側から危険な業務に従事するよう業務命令が発せられた場合、労働者はこれに従わなければならない義務があるか否かです。

　使用者は、労働者に対する安全配慮義務を有していることから、労務の提供において危険が予想される場合には、万全の対策を講じなければなりません。

　そして、労働者の生命・身体に対する、通常の業務に伴う危険を超える現実的な危険がある業務命令は、「業務命令権」の範囲を逸脱する同命令権の濫用として判断され、当該労働者はこれを拒否することができるとされています。つまり、労働者はこうした業務命令に従う義務は有しないということになります。

　危険を伴う「業務命令」の適否について争われた代表的な事案として、**電電公社千代田丸事件（最判昭43.12.24）**がありますが、これについて最高裁は、「本来の予想を超えた生命の危険が現実に起こり得る業務命令は、その危険が予想すべき海上作業に伴う危険の類ではなく、また必ずしも大きいものではないとしても、労働者は、その意に反して義務の強制を余儀なくされるものとは考えられない」と判示しています。

　この事件は、現実に船が狙撃その他の危害を受ける可能性があった朝鮮海峡李承晩ラインの向こう側での海底ケーブルの修理作業に関する業務命令が一般的限界を超えるものか否か、また出航を遅らせたことを理由とした労働者の解雇の有効性が争われた事案です。労使交渉が妥結しないまま、公社側は出航を強制す

る業務命令を発したことが紛争の発端となりました。

⑵自然災害と安全配慮義務

では、自然災害のときに発せられる使用者の業務命令の場合については、どうでしょうか。使用者は、自然災害においても前述の場合と同様に、労働者の生命および健康等を自然災害の危険から保護するよう配慮すべき義務を負っています。判例も、この点に対する使用者の安全配慮義務を明確に指摘しています。

近時の東日本大震災の津波による行員等の死亡事故に関して使用者の安全配慮義務違反および損害賠償請求について争われた裁判例において、「被告銀行には、行員に対しては、労働契約の付随義務として、派遣スタッフに対しては、信義則上、不法行為上のそれぞれ安全配慮義務があり、その生命および健康等が地震や津波といった自然災害の危険からも保護されるように配慮すべき義務を負っている」と判示されています（七十七銀行事件・仙台地判平**26.2.25**）。

したがって、こうした使用者の安全配慮義務の履行等の観点から判断すれば、現実的な危険により生命等の安全が保障されない可能性のある場合においては、自然災害の場合における業務命令も、労働者の意に反して命令履行の義務を強制されることはないと解するのが相当といえるでしょう。

❸ 今回のケースの場合は

では、今回のケースの場合はどうでしょうか。大雨や大雪時に電気工事を行わせるときには、会社は、そのような自然災害の危険から作業に従事する労働者を保護する義務を当然に負うことになります。

その災害が予定される通常の災害の程度を超え、労働者の生命・健康等に特別の危険を及ぼす業務のような場合は、そうした業務命令は業務命令権の範囲を逸脱したものと判断され、場合によっては、業務命令は権利の濫用として、無効とされる可能性があります。

また、出張先での災害発生による危険が具体的なものとして予測されるのであれば、使用者としては十分な安全対策を講じることは当然のことながら、状況によって

は、個別に労働者の同意を得たうえで出張を命じることが必要となってくるでしょう。

　結論としては、生命や身体に危険を及ぼすような業務の場合、そうした業務命令は内容自体に合理性がない限り、法的な拘束力はなく、命令を受けた労働者がこれを拒否しても、懲戒処分その他の不利益を課すことはできません。また、出張先での災害発生を理由に出張命令を拒否したとしても、正当な理由があると考えられ、出張拒否を理由に懲戒処分を課すことは許されないと考えられます。

事例 15

配置転換（配転）拒否に関する問題

X社は、経営悪化のため、合理化の一環として、人員が余剰気味であった研究・開発部門のYに対し、その技術者としての能力は通常程度あることを認めるが、チームで研究・開発をする際に必要な他の同僚等とのコミュニケーション能力に問題があると説明し、退職勧奨を行いましたが拒否されました。そこでX社は、人員不足かつコミュニケーション能力を特に必要としない検査部門への配置転換を命じました。配置転換は減給や降格を伴うものではありませんでしたが、開発職への強い自負を有するYは配置転換に従いませんでした。そのため、X社はYに対し譴責処分をし、始末書提出を求めましたが、Yは従前の業務を続けています。その後、X社は何度かにわたって配転命令と懲戒処分を行いましたがYが一向に応じないため、就業規則の定めに基づき懲戒解雇処分としました。

ANSWER

労働基準法　16条

（解雇）

第16条　解雇は、客観的に合理的な理由を欠き、社会通念上相当であると認められない場合は、その権利を濫用したものとして、無効とする。

民 法　1条

（基本原則）

第1条　私権は、公共の福祉に適合しなければならない。

2　権利の行使及び義務の履行は、信義に従い誠実に行わなければならない。

3　権利の濫用は、これを許さない。

憲 法	適正手続
刑 法	罪刑法定主義

権利の濫用

解 説

1 配転命令と権利の濫用

　今回のケースを考える場合にも、前回学んだ「権利の濫用」という知識が必須のものとなります。本件懲戒解雇が違法といえるかについては、まず、X社がYに対して行った配転命令が**権利の濫用（民法1条3項）**にあたるかどうかを考えなければならないからです。「権利の濫用」にあたるようであれば、Yが配転命令を拒否することは適法なことになり、配転命令拒否に基づく懲戒解雇は違法となってしまいます。「配転拒否」や「懲戒解雇」は労使トラブルの代表的事例ですが、ここでも民法の基本原則から考えないと、問題を解決できないのです。

　配置転換（配転）は「人事異動」の一つです。**人事異動**とは、労働契約に基づく使用者の業務命令によって、労働者が従来とは異なる別の業務、勤務場所、地位等に異動することです。人事異動はその形態によっては、社員の賃金や生活そのものに大きな影響を与えることがあるため、会社側の権利の濫用が問題とされるケースが多数存在します。

　配置転換は、社員の配置の変更であって、職務内容や勤務地が相当の長期間にわたって変更されるものをいいます。この配置転換に関しては、会社からの業務命令がどのような根拠に基づき行われるかが問題となります。ほとんどの場合、**就業規則**に定められた配転義務規定や配転の慣例をもとに会社（使用者）が**配転命令権**を持つと考えられますが、その裁量が自由に認められているわけではありません。

　以下のような配転命令権の濫用の判断基準に従い、濫用とならないように配慮して行わなければならず、権利の濫用が認められる場合には、その配転命令は法的に無効となりかねないことに注意しましょう。

> **配転命令権の濫用の判断基準**
> ① 業務上の必要性
> ② 不当な動機・目的の有無（人選の合理性）
> ③ 配転によって労働者の受ける不利益

　この基準については、「**保護事由**」と「**帰責事由**」という枠組から考えることができます。保護事由とは、ある権利を保護するだけの理由のことであり、帰責事由とは、ある義務や不利益を課されても仕方のないだけの理由のことです。①の**業務上の必要性**とは、会社にその命令を下すことができる保護事由があるかどうかの問題です。②の**人選の合理性**については、会社に動機や目的の不当性があれば、帰責事由ありとして、権利の濫用となります。③の**労働者の受ける不利益**に関しては、労働者に配置転換を拒否できるだけの保護事由があるか、裏を返せば、配置転換されても仕方がないという帰責事由があるか否かの問題、ということです。

　これを本事例についてあてはめてみると、経営不振によって人員が余っている部署から、人員不足の部署へ配置転換を命じることには、「業務上の必要性あり」といえるでしょう。また、Yのコミュニケーション能力不足に着目しての配置転換であるため、②の人選の合理性も一定程度認められます。そして、③の労働者の受ける不利益ですが、たしかに研究・開発職にYが自負心を抱いているにせよ、会社が経営危機にあるなかの、減給や降格を伴わない異動であるため、権利の濫用とまでいえる不利益はないでしょう。

　よって、X社の配転命令は有効ということになります。

2 懲戒解雇処分と権利の濫用

　では、X社のYに対する懲戒解雇処分は有効といえるでしょうか。この点に関して**労働契約法16条**では、「客観的に合理的な理由」（**客観的合理性**）を欠き、「社会的通念上相当であると認められない場合」（**社会的相当性**）の解雇は、権利の濫

用として無効となるとしています（**解雇権濫用法理**）。

　客観的合理性とは、簡単にいえば法令や就業規則に定める解雇を可能とする理由があるということです。また、社会的相当性とは、「それだけの行為をしたら、社会通念上解雇となってもやむをえない」ということです。

　社会的相当性とは、「**保護事由と帰責事由のバランス**」がとれる範囲で法が解雇を認めているということです。就業規則には「服務規律」の定めがあり、使用者が労働者に対して、守らなければならないことが記載されています。その服務規律に違反するようなことをすれば、当然労働者には「帰責事由」があるわけですが、その帰責事由が、解雇になってもやむをえないというレベルに達しているかが問題になるのです。そのレベルに達していれば、会社は解雇をしても社会通念上問題がないとされる、つまり「保護事由」があると認められるわけです。

　解雇権濫用法理の中身である客観的合理性と社会的相当性は、解雇だけでなくその他の懲戒処分の際にも使われる（懲戒処分の場合は「**懲戒権濫用法理**」となります）、重要な判断枠組です。

　客観的合理性の中身を分解すると、「就業規則の定め」と「その定めに該当する事実」に分けられます。ある事実があって（①判断材料）、それが就業規則に該当し（②判断基準）、解雇となっても社会通念上問題ない（③解釈適用）という段階をふんで初めて解雇可能となるのです。これを整理すると、以下のとおりになります。

解雇権濫用法理
① 判断材料＝労働者の行為の性質・態様その他の事情
② 判断基準＝客観的合理性（就業規則の定め）
③ 解釈適用＝社会的相当性（保護事由と帰責事由のバランス）

　ここから、わかることは、労使トラブルの予防・解決のためには、やはり「**就業規則の整備**」が必須ということです。就業規則の定めがなければ、解雇や懲戒の判断基準がないため、対応できません。また、「事実」をしっかりと記録することも大

事です。労働者の問題行動をしっかりと記録しておかないと、社会的相当性があるかどうかの判断ができないからです。

今回のケースの場合、配転命令の理由が、会社が安全配慮義務を果たすためのものであるという正当性があります。そして正当な配転命令を拒否した（判断材料）Yに対し、就業規則の定めに基づいて解雇した（判断基準）わけですが、それは何度か懲戒処分をした後のことですから、それでも従わなければ解雇されても社会通念上問題ないといえるでしょう（解釈適用）。したがって、X社のした懲戒処分は、有効となるでしょう。

3 罪刑法定主義

ここで、憲法と刑法に関する事柄についても学んでおきましょう。

解雇を含めた懲戒処分の種別と事由を就業規則に定めることは「**罪刑法定主義**」から要請されます。罪刑法定主義とは、「犯罪と刑罰はあらかじめ成文の法律で明確に定めておかなければならない」という近代刑法の大原則です。これは、国民の自由を守るための原則であり、あらかじめ成文の法律に犯罪と刑罰が定められていなければ、国民はどのような行動をすれば適法か違法かわからない（これを「**行動の予測可能性**がない」といいます）ため、自由が保障されているとはいえません。したがって罪刑法定主義がとられているのです。

労働契約においても、労働者がどのような行動をしたら懲戒処分になるのかわからないのでは、行動の予測可能性がないことになってしまいます。そのため、懲戒の種別および事由を事前に就業規則で定めることが必要になるのです。

罪刑法定主義は刑法の大原則ですが、刑法には明文の規定がありません。しかし、憲法には「何人も、法律の定める手続によらなければ、その生命若しくは自由を奪はれ、又はその他の刑罰を科せられない」という「**適正手続**」の規定（**憲法31条**）があり、罪刑法定主義はここから導かれます。

新型感染症と自宅待機に関する問題

事例 16

現在、新型の感染症が流行しています。この感染症は感染力が非常に強く、感染すると高熱を発する等、重い症状が出るものです。今のところ、当社(X社)の従業員のなかに、新型感染症に罹患している者はいませんが、従業員がいつ感染するかわかりません。もし、従業員が新型感染症に感染した場合、出勤を拒むことはできますか。また、出勤を拒んで自宅待機させた場合の賃金はどうなりますか。

ANSWER

民法 91条、536条2項

（任意規定と異なる意思表示）

第91条 法律行為の当事者が法令中の公の秩序に関しない規定と異なる意思を表示したときは、その意思に従う。

（債務者の危険負担等）

第536条 前2条に規定する場合を除き、当事者双方の責めに帰することができない事由によって債務を履行することができなくなったときは、債務者は、反対給付を受ける権利を有しない。

2 債権者の責めに帰すべき事由によって債務を履行することができなくなったときは、債務者は、反対給付を受ける権利を失わない。この場合において、自己の債務を免れたことによって利益を得たときは、これを債権者に償還しなければならない。

判例 読売新聞社事件・東京高決昭33.8.2

新型感染症と出勤停止命令

1 出勤停止命令

　まず、新型感染症に罹患した従業員に出勤停止を命じることができるか、という問題ですが、これは労働契約がどのようなものか考えれば、自ずと答えが出る問題です。

　労働契約を締結することによって、使用者には労働者に指揮命令し労働させる権利とそれに伴う賃金を支払う義務が発生し、一方、労働者には労働を提供する義務とそれに伴う賃金を請求する権利が発生します。

　このように、労働契約に基づく労働者の就労は、義務であって権利ではありません。また、原則として使用者には、労働者の労務の提供を受ける義務はないということになります。

　したがって、事由のいかんを問わず、使用者の判断で労働者の出勤を拒み、自宅待機をさせ労務提供の受領を拒否することは、原則として可能です。

　この考え方のもとになっているのは次の判例です。

　「労働契約においては、労働者は使用者の指揮命令に従って一定の労務を提供する義務を負担し、使用者はこれに対して一定の賃金を支払う義務を負担するのが、その最も基本的な法律関係であるから、労働者の就労請求権について労働契約等に特別の定めがある場合又は業務の性質上労働者が労務の提供について特別の合理的な利益を有する場合を除いて、一般的には労働者は就労請求権を有するものでないと解するのを相当とする」(**読売新聞社事件・東京高決昭33.8.2**)。

　この判例では、一般的に、労働者に就労請求権はありませんが「労働契約等に特別の定めがある場合」または「業務の性質上労働者が労務の提供について特別の合理的な利益を有する場合」には例外的に肯定するとする、例外的肯定説の立場に立っていると解されています。そして、この考え方が学説上も多数説であり、その後の判例も基本的にこの基準に従って判断されています。

　感染すると重い症状を発する新型感染症に関して、使用者が職場における感染

を防止するために、感染している労働者に対し、出勤停止命令を発して職場への立入を制限することは、それ相応の理由と必要性があると考えられます。

2 出勤停止を命じた場合の賃金

次に問題となるのは、出勤停止を命じた場合の賃金の支払です。

使用者の判断により労働者に出勤停止を命じる（＝労務提供の受領を拒否する）ことは可能であることは前述しましたが、その労務提供の受領拒否が、債権者（＝使用者）の責めに帰すべき事由に基づくものであれば、賃金を支払う必要が出てきます。これは、**民法536条2項**の規定により、労働契約に基づく労務提供の反対給付である労働者の賃金請求権は失われないからです。

民法には、当事者の合意により別の取決めがされている場合、公序良俗に違反しない限りそれに従うという規定があります（**民法91条**）。これを**任意規定**といいますが、民法536条2項も任意規定であるため、使用者と労働者が就業規則、労働契約等で、会社都合による休業の際に支給する賃金を100％よりも低く定めていれば、その就業規則、労働契約等で合意した金額を支払えば足りることになります。

ただし、この場合でも「**使用者の責めに帰すべき事由**」である場合には、労働基準法26条の規定により、平均賃金の60％以上の**休業手当**を支払わなければなりません。ここで注意しなければならないのは、労働基準法上の「使用者の責めに帰すべき事由」は、民法上の「債権者の責めに帰すべき事由」よりも適用範囲が広く解釈されているということです。

民法536条2項の「債権者（＝使用者）の責めに帰すべき事由」が、「**債権者の故意、過失、または信義則上これと同視すべきもの**」と解されているのに対して、労働基準法26条の「使用者の責めに帰すべき事由」は、「**企業の経営者として不可抗力を主張し得ないすべての場合**も含むものとされ、使用者側に起因する経営、管理上の障害も含むもの」とされています。

そのため、就業規則や労働契約等において、会社都合による休業の際に支給する賃金を100％よりも低い金額で定めていたとしても、労働基準法26条に定める

平均賃金の60%を下回る金額を定めることはできないことになります。

したがって、会社都合による休業であっても、就業規則や労働契約等で、平均賃金の60%から100%の範囲内でその賃金額を定めておけば、そこに定められた金額を支払えばよいことになります。

ただし、100%に満たない分について労働者からの請求があれば、これに応じなければならないケースが少なからずあることをつけ加えておきます。

❸ 出勤停止命令は「使用者の責めに帰すべき事由」といえるか

次に、新型感染症に罹患した従業員に対して、出勤停止を命じることが、使用者の責めに帰すべき事由に該当するかどうかが問題となります。

この点については、本来労働者は労働契約に基づいて心身ともに健康な状態で労務を提供する義務を負っていますので、新型感染症の罹患を理由に、出勤停止を命じたとしても、基本的には「労働者側の要因」により労務の提供が履行できないことになり、「使用者の責めに帰すべき事由による休業」には該当しないと考えられます。

したがって、この場合には、民法536条2項、あるいは労働基準法26条は適用されず、**ノーワーク・ノーペイの原則**により、出勤停止期間の賃金および休業手当を支払う必要はないと解されます。

ただし、医師による指導等の範囲を超えて（外出自粛期間経過後等）休業させる場合には、「使用者の責めに帰すべき事由による休業」に該当し、休業手当を支払う必要があると考えられます。

用語：ノーワークノーペイの原則

　労働者から労働の提供がない場合には、使用者は賃金を支払う義務はなく、労働者には賃金の請求権はないという原則。休日や労働争議、不就業等がこれにあたります。

第3章
退職・解雇に関するトラブル

事例 17

退職勧奨に関する問題

　3か月前に経理部に入社した中途採用の社員のことなのですが、業務を遂行するうえでの必要なスキルが身についておらず、また再三再四指導を行ったにもかかわらず改善の見込みがないため、先日退職勧奨を行いました。ところが、その社員がその場であまりにも非常識な言動をとったために、思わず机をバンと叩き、「いい加減にしたまえ!」と一喝してしまいました。すると、その社員は違法な退職強要に従う必要はないといいはり、その後話合いに応じようともしません。退職勧奨を行ううえで、どのような点に注意すべきだったでしょうか。

ANSWER

判 例	日本航空(雇止め)事件・東京地判平23.10.31
	下関商業高校事件・最判昭55.7.10
	全日本空輸(退職強要)事件・大阪高判平13.3.14

解説

退職勧奨を違法な退職強要であると主張する社員

1 退職勧奨が違法となる場合

　退職勧奨、つまり使用者から労働者に対し、退職するよう働きかけを行うことは、不当労働行為に該当する場合や、不当な差別に該当する場合等を除き、労働者の任意の意思を尊重し、社会通念上相当と認められる範囲内で行われる限りにおいて違法性を有するものではない、とされています(日本航空(雇止め)事件・東京地判平23.10.31)。すなわち、退職勧奨を行うこと自体は、違法ではないのです。したがって、必要に応じて会社は退職勧奨を行うことができます。

　問題となるのは、退職勧奨が行き過ぎたものになってしまう場合です。説得のための手段、方法が社会通念上相当と認められる範囲を逸脱するような場合には、

74

当該退職勧奨は違法性を有すると判断されます。退職勧奨が違法な退職強要であると判断されれば、これに基づいて行われた退職は無効となり、慰謝料等の請求が認められることもあります。

例えば、次のような場合に該当すると、退職勧奨が違法なものであると判断されます。

(1) 数や時間、担当人数等が許容範囲を超えていること

下関商業高校事件（最判昭55.7.10）では、高校教諭2名を退職させるための校長および市教委による退職勧奨が、短期間において10回以上（11回と13回）行われたこと、6名いる勧奨担当者のうち1人ないし4人が勧奨にあたったこと、1回につき短い時でも20分、長い時は2時間15分に及んでいたことから、「あまりにも執拗」であり、「退職勧奨として許容される限界を超えている」として違法との判断が下されました。

(2) 言動が許容範囲を超えていること

全日本空輸（退職強要）事件（大阪高判平13.3.14）では、労災で休職していた客室乗務員が復職するにあたり、30数回面談を行ったこと、「寄生虫」「挙動不審者」等の数々の暴言があったこと、大声を出したり、机を叩いたりしたこと等が、社会通念上許容しうる範囲を超えており、単なる退職勧奨とはいえず、違法な退職強要として不法行為となるとの判断がなされました。

(3) 退職勧奨に応じない意思表示を明確にしているにも関わらず、退職勧奨を継続すること

前述の日本航空（雇止め）事件（東京地判平23.10.31）では、書面で明確に自主退職しない意思を表示した労働者に対し、「いつまでしがみつくつもりなのか」「辞めていただくのが筋です」等と強くかつ直接的な表現を用い、また、「懲戒免職になったほうがいいんですか」と懲戒免職の可能性を示唆する等して、退職を求めた行為につき、これらの言動は、社会通念上相当と認められる範囲を逸脱している違法な退職勧奨であると判示されました。

2 トラブル回避のための措置

　退職勧奨の意義としては、社員が退職勧奨を受け入れれば合意退職となるため、その後労使トラブルへと発展する可能性は低くなることが挙げられます。すなわち、解雇回避措置としての役割を有しているのです。

　説得にあたるうえでは、前述したような違法性が疑われる行為を避けることはもちろんのこと、円満退職を提案することを念頭におくべきです。また、社員の反論を受けやすい話を避けることもポイントとなります。

　実際に退職勧奨に踏み切る段階では、そこに至るまでの理由や証拠が固まっているはずです。これらを社員に十分に理解してもらうためにも、客観的な証拠の提示はもちろんのこと、退職勧奨通知書の交付をすることも検討すべきでしょう。

　なお、退職勧奨の回数が過度に多い、1回あたりの面談等の時間が長い、大声を出す、暴言を吐く、机を叩く等の行為があると、退職勧奨は違法と判断される傾向にあります。それらにも注意するようにしてください。

事例 18

始末書の不提出に関する問題

　　X社に勤める事務員Yが、先日、事務上の計算ミスをしてしまい、お得意様に迷惑をかけたので、始末書を出すよう伝えました。Yは、計算ミスをしたのはたしかに悪いと謝罪するのですが、始末書を提出するのを拒みました。そこで、X社としては、始末書の不提出を理由に退職勧奨を勧めたいと思っています。問題はないでしょうか。

ANSWER

判 例	丸十東鋼運輸倉庫事件・大阪地堺支判昭53.1.11
	近鉄タクシー事件・大阪地判昭38.2.22

解説

始末書の不提出を理由とする退職勧奨

1 「始末書」とは

　「始末書」とは、職場の秩序を乱したことに対して反省と謝罪を内容とした文書のことをいいます。従業員が不祥事を起こしたときや業務命令に違反した場合に、会社側が、戒告・けん責等の最も軽い懲戒処分としてこの始末書の提出を求めるのが一般的であり、実際の労務管理において重要な役割を果たしています。

　しかし、この「始末書」制度は、いくつかの問題点が内在しています。

　例えば、①使用者は、「始末書」の提出命令を強制できるか、②「始末書」の提出命令は業務上の命令か否か、③「始末書」の提出命令を拒否した場合、業務上の指示命令違反として懲戒処分の対象となるかどうか等の問題が指摘されているのです。

⑴「始末書」提出命令の強制の可否

　「始末書」の提出を要求するには、就業規則や特別の根拠規定が必要とされて

います。「始末書」の提出につき裁判例も、「労働者の良心、思想、信条等と微妙にかかわる内的意思の表白を求めるものである」から、提出を義務づける特別の根拠規定が必要であるとしています（**丸十東鋼運輸倉庫事件・大阪地堺支判昭53.1.11**）。

また、別の判例は、「従業員が任意に始末書を提出することは妨げないとしても、不提出の場合になんらかの制裁を加えて間接的に強制してまで提出を求めることができるかどうかは疑わしい」としています（**近鉄タクシー事件・大阪地判昭38.2.22**）。

(2)「始末書」提出命令と業務上の指示命令の当否

「始末書」の提出命令を、業務上の指示命令と解すべきかどうかについては、肯否両論があります。裁判上でも、以下のように見解が分かれています。

ア)「始末書」の提出命令を業務上の指示命令であるとするもの

「使用者の企業秩序を維持し、職務規律を保持する権限の中に始末書の提出命令を含めこれを業務上の指揮命令とする」（**水戸駅デパート事件・水戸地判昭37.9.6**）。

「始末書の提出命令は、始末書提出を求める趣旨の就業規則条項が存在することにより、直ちに職務上の上長の指揮命令にあたる」（**エスエス製薬事件・東京地判昭42.11.15**）。

イ)「始末書」の提出命令を業務上の指示命令でないとするもの

「始末書の提出命令は、懲戒処分を実施するために発せられた命令であって、労働者が雇用契約に基づき使用者の指揮命令に従い労務を提供する場において発せられる命令ではない。また、始末書の提出の強制は、個人の意思の自由の尊重という法理念に反することを考慮すれば、始末書の提出命令は、懲戒処分の発動の要件となるべき業務上の指揮命令にあたらない」（**丸住製紙事件・高松高判昭46.2.25**）。

(3)「始末書」提出拒否に対して懲戒処分はできないとする例

問題は、「始末書」の提出拒否に対して懲戒処分をすることができるか否かです。

ア)「始末書」の提出拒否と懲戒処分の可否

「始末書」の提出拒否を理由とした懲戒処分ができないとするのが一般的です。裁判例においても、「始末書」の不提出を懲戒処分の事由とするのは相当ではないと否定的に解する見解が多く存在します。

以下にその例を紹介します。

① 「ⅰ：始末書の提出を強制する行為が、労働者の人格を無視し、意思決定ないし良心の自由を不当に制限するものでない限り、使用者は非違行為をなした労働者に対し、謝罪の意思または反省の意を表明する趣旨の始末書の提出を命ずることができる。労働者がこれに従わない場合にはこれを理由に懲戒処分をすることができるが、就業規則上の非違行為を行ったとはいえない場合にまで、始末書の提出を要求することは、その趣旨を逸脱するものとして許されない。

ⅱ：本件入学式において原告（教諭）が行った失態について、被告（学校法人）が原告に始末書の提出を求めたとしても、あくまで任意の提出を期待するにとどまり、その不提出に対し、懲戒処分といった制裁を加えることは許されないというべきである」（**柴田女子高校事件・青森地弘前支判平12.3.31**）。

② 「労働者は雇用契約に基づいて、使用者の指揮、監督に従い労務を提供する義務を負っているが、同時に労使関係においても個人の意思は最大限に尊重されるべきであるところ、始末書の提出命令の強制は右の法理念に反するというべきであり、始末書の提出命令は、それを業務上の指示命令としても、その拒否に対して懲戒処分をもって臨むことは相当ではなく、原告らの始末書提出拒否をもって本件解雇の事由とするのは相当ではないというべきである」（**国際航業事件・大阪地判昭50.7.17**）。

③ 「始末書の提出の強制は、個人の良心の自由にかかわる問題を含んでおり、労働者と使用者が対等な立場において労務の提供と賃金の支払を約する近代的労働契約の下では、誓約書を提出しないこと自体を企業秩序に対する紊乱行為とみたり、特に悪い情状とみることは相当ではない。始末書不提出を理由とする解雇は懲戒権の濫用となり効力がない」（**福知山信用金庫事件・大阪高判昭**

53.10.27）。

④「始末書提出命令は、懲戒処分を実施するために発せられる命令であって、労働者が雇用契約に基づき使用者の指揮監督に従い、労務を提供する場において発せられる命令ではない。したがって、始末書提出命令を拒否したことを理由に、これを業務命令違反としてさらに新たな懲戒処分をすることは許されない」（**豊橋木工事件・名古屋地判昭48.3.14**）。

イ）「始末書」提出拒否に対して懲戒処分も可能とする例

こうした流れに対して、「始末書」提出拒否に対して懲戒処分も可能とする肯定的な裁判例がないわけではありません。

①「当該労働者が比較的軽微な服務規律違反行為につき上司から注意され、4回にわたりけん責処分を受けたにもかかわらず、反省することなく、始末書を提出しなかったことは、就業規則の解雇事由である『勤務成績又は能率が著しく不良で、就業に適しないと認めるとき』に該当するとして、解雇が権利の濫用にあたらない」（**カジマ・リノベイト事件・東京高判平14.9.30**）。

②「確かに、始末書等の提出の命令をもって、対象である労働者の内心の自由に反して反省、改悛を強制することができないと解すべきことは被告（福岡地方労働委員会）の主張するとおりであり、また、一事不再理の法理は、私的制裁規範である就業規則の懲戒事項にも該当し、同一の懲戒事由に対して2回以上にわたって懲戒処分を課すことは許されないと解すべきである。

しかし、労働者は労働契約上、企業秩序維持に協力する一般的義務を負うものであるから、始末書等の提出を強制する行為が労働者の人格を無視し、意思決定ないし良心の自由を不当に制限するものでない限り、使用者は非違行為をなした労働者に対し、謝罪の意思を表明する内容を含む始末書等の提出を命じることができ、労働者が正当な理由なくこれに従わない場合には、これを理由として懲戒処分をすることもできると解するのが相当である」（**西福岡自動車学校事件・福岡地判平7.9.20**）。

③「使用者は、就業規則中に労働者に非違行為があるときは、始末書の提出を

求める旨の規定を設け、その始末書の提出によって企業秩序の回復を図ることができ、始末書の提出を強制しても、その内容が提出者の人権を無視し、著しくその名誉を毀損して意思決定の自由ないしは良心の自由を不当に制限するものでない限り、必ずしも内心の自由を侵すことにならないから、（中略）使用者は始末書の提出を業務命令として命ずることも、また、その不提出を懲戒処分事由とすることもできると解するのが相当である」（あけぼのタクシー事件・福岡地判昭56.10.7）。

2 「退職勧奨」とは

(1)意義・性質

退職勧奨とは、使用者が労働者に対し、自発的な退職意思の形成を促すために行う説得等の行為をいいます。簡単にいえば、労働者に対し「辞めてくれないか」と、労働契約の解除の申込を誘因することです。

判例によれば、「退職勧奨は任命権者がその人事権に基づき、雇用関係のある者に対し、自発的な退職意思の形成を慫慂するためになす説得行為であって、法律に根拠を持つ行政行為ではなく、単なる事実行為である」とされています（**下関商業高校事件・広島高判昭52.1.24**）。労働者が、この「退職勧奨」に応じれば、合意解約となります。

「退職勧奨」には、法的な強制力はないので、当該労働者に退職する意思がない場合には、これに応じる義務はありません。

(2)執拗な「退職勧奨」の有効性

しかし、労働者が拒否しうるからといって、会社は自由に「退職勧奨」をすることができるか否かは別問題です。

「退職勧奨」にあたっては、労働者が自由な意思決定をするのを妨げるような「退職勧奨」が許されず、説得の回数や説得のための手段・方法は、社会通念上相当であることが必要とされています。

その態度が強制的であったり、執拗なものである場合には、「退職強要」と呼ば

れ、「退職強要」は不法行為（**民法709条**）を構成します。場合によっては、使用者が損害賠償責任を負わなければならなくなります。

(3)「退職勧奨」の限界

　問題は、どの程度までなら、「退職強要」に該当しないといえるのかです。いいかえれば、どの程度までなら「労働者の自由意思」を侵害しないのかということになります。これは、個々の事案ごとに、退職勧奨の回数、発言内容、費やした時間等を総合的に勘案して、判断するしかありません。

　判例は、具体的に、次のような判断基準を示しています。

① 退職勧奨の回数・期間

　退職を求める事情の説明や優遇措置等の退職条件の交渉において、退職勧奨の回数・期間を通常必要な限度にとどめているか。

② 勧奨対象者への配慮

　勧奨対象者の名誉・感情を害することがないように、十分配慮しているか。

③ 勧奨対象者の自由な意思決定妨害の有無

　勧奨対象者の数、優遇措置の有無等を総合的に勘案し、全体として、勧奨対象者の自由な意思決定を妨げる状況ではないか。

3 今回のケースの場合

　それでは、今回のケースのような、「始末書」の不提出に対して「退職勧奨」を勧めるのが妥当か否かについて考えてみましょう。

　「始末書」の不提出を理由とした「退職勧奨」については、会社から「退職勧奨」がなされたとしても、それに応じるかどうかは当該労働者のまったくの自由であり、何らの理由なく断わることができます。

　しかし、当該労働者側に拒否の自由があり、「退職勧奨」によって何らの法的不利益を負わないとしても、実際上は「退職勧奨」をされること自体が相当なストレスとなって、「退職勧奨」に応じなければ、何らかの不利益を受けるのではないかと不安に陥ることもありえます。このため、「始末書」の不提出を理由に「退職勧奨」を受

けたときに、意に反して、「始末書」を提出してしまう可能性もあります。

　そして、前述の裁判例等でみてきたように、謝罪や反省の意を含む「始末書」の提出を強制することは、個人の意思や内心の自由を侵害するものとの指摘もあり、また「始末書」の不提出を理由に執拗に「退職勧奨」を勧めることは、場合によっては、「不法行為」を構成する問題がないとはいえません。

　「始末書」の提出拒否を理由とした懲戒解雇は、裁判例をみる限り正当化することは困難といえましょう。

　こうした点を考えれば、「始末書」を提出させる意図・目的で「退職勧奨」を行うことはもちろん、たとえそうした目的・意図がない場合であっても、できることなら、現時点では、とりあえず「始末書」の不提出を理由とした「退職勧奨」は避けるべきです。

　また、その労働者がいわゆる問題社員の場合は、むやみな「退職勧奨」は要注意です。

　問題のある労働者であるにしても、その間に、できるだけ話合いによって、「始末書」を提出してもらうよう誠意をもって説得する等して、解決の糸口を模索することです。むやみに「退職勧奨」をすれば、労使トラブルが拡大化するきっかけともなりかねません。

４ 会社側の今後の対応

　今後、会社として大切なことは、労働者がそのまま業務を続けるのであれば、業務命令違反等の不祥事があった場合は、その都度、不祥事の内容等を記録するとともに、当該労働者に対し「始末書」の提出を求めることを忘れないことです。法的措置を取る場合はもちろん、交渉による解決を目指す場合においても、労働者による「始末書」提出の有無いかんにかかわらず、「始末書」の提出を求めた記録は事実として、重要な証拠資料となるからです。

退職の意思表示に関する法律の定め

事例 19

X社の正社員である労働者Yは、自分に対する会社側の評価を知りたいと考え、本当は退職する気はないのだが、自分は能力があるから必ず慰留されるだろうと考えて、「会社を辞めさせてください」と辞表を提出しました。ところがYの予想に反して会社のYに対する評価は低く、退職の申し出を即座に了承されてしまいました。Yは会社を辞めなければならないのでしょうか。

ANSWER

民法 意思表示理論・627条・93条

> 第627条 （期間の定めのない雇用の解約の申入れ）
> 当事者が雇用の期間を定めなかったときは、各当事者は、いつでも解約の申入れをすることができる。この場合において、雇用は、解約の申入れの日から2週間を経過することによって終了する。

> 第93条 （心裡留保）
> 意思表示は、表意者がその真意ではないことを知ってしたときであっても、そのためにその効力を妨げられない。ただし、相手方が表意者の真意を知り、又は知ることができたときは、その意思表示は、無効とする。

判例 昭和女子大学事件・東京地決平4.2.6

解説

1. 退職の意思表示に関する法律の定め

1 「退職届」か「退職願」か

一般的に「自己都合退職」とされているものには、大きく分けて二

つの形態があります。一つは、労働者が単独で行う退職の**一方的な意思表示**（通常「**退職届**」を提出します）で、使用者の承諾がないものです。もう一つは、労働者が退職を申し出て（通常「**退職願**」を提出します）、使用者がこれを承諾することで雇用契約を合意によって終了（**合意解約**）させるものです。

前者の場合は、退職の意思表示の後14日の経過で原則として退職の効力が発生するとするのが民法の定めです（**民法627条**）。後者の場合は、使用者が退職の意思表示を承諾するまでは、労働者が退職の意思表示を**撤回**することは可能です。

退職届と退職願の違いは一般的にはあまり意識されていませんが、Yがどちらを提出したかによって、法的な効果は大きく違うことに注意してください。「退職届」ならば、Yからの一方的な意思表示のみで退職という効果が発生してしまうのに対して、「退職願」ですと、それのみでは単なる労働契約解約の申込にすぎず、X社の承諾があって初めて退職の合意が成立し労働契約が終了することになるからです。

今回Yは、「辞表」を提出しているため、それが「退職届」にあてはまるのか、「退職願」となるのかという問題も生じるのですが、今回の事例では、どちらにせよ、X社が退職の申出を了承してしまっているため、そのままですと、YはX社を退職しなければいけなくなってしまいます。

なお、「**辞表**」は本来一定の役職者や公務員が職を辞すときに提出すべきものですので、一般の退職の際には「退職届」か「退職願」を提出するのが正しいということも覚えておいてください。

2 心裡留保

それでは、Yは会社を辞めなければならないのでしょうか。この問題に関しては、労働法で解決することはできず、民法の規定によって判断されることになります。

真意でない退職の申出をしたYがいけないのはもちろんなのですが、例外的に労働者から退職願が提出されて会社がこれを承諾しても、効力が発生しない場合、つまりYが会社を辞めなくて済む場合もあるのです。それは、**民法93条但書**が適用されるときです。

民法93条は「**心裡留保**」について定めた規定です。心裡留保とは、真意でない意思表示のことです。

　例えば、最新型の20万円はするノートパソコンを本当は売る気がないのに、「このノートパソコンを1万円で売ってあげるよ」といった場合、相手が1万円を財布から出して「じゃあ売ってよ」といえば、その意思表示は有効として扱われてしまうのです。

　なぜこのような扱いを民法は認めたのでしょうか。それは、真意でない意思表示をした人と、それを信じた人のどちらを法律によって救うべきかという観点から民法93条が定められているからです。やはり、救われるべきは真意でない意思表示を信じた人でしょう。相手の心のなかは見えませんから、表に出た意思表示によって、相手方と契約を結ぶかどうかについて判断することになるため、それを信じた人には法によって保護されるだけの理由（**保護事由**）があるからです。それに対して、真意でない意思表示をした人は、そのような発言をしたことに関して責任をとるべき理由（「**帰責事由**」）があるといえるでしょう。民法は**保護事由と帰責事由のバランス**の観点から、真意でない意思表示を信じた人を保護しているのです。

　ただし、「真意でない意思表示」であると、意思表示の相手方が知っていたり（「**悪意**」の場合）、よく注意すれば気がつくような場合（「**有過失**」の場合）まで、その相手方に保護事由があるとはいえないでしょう。そこで民法は93条に「ただし、相手方が表意者の真意を知り、または知ることができたときは、その意思表示は、無効とする」という**但書**を設けて、バランス調整を図っているのです。

用語：善意・悪意
法律の世界における「善意・悪意」とは、一般的な言葉の意味である「良い心・悪い心」とは意味が違うので注意してください。善意とは、ある事実を知らないことで、悪意とは、ある事実を知っていることです。

　今回のケースの場合、X社が、Yの辞表が真意に基づくものでないことを知っていたり、あるいは知ることができたならば、Yの退職の意思表示は無効となるため、

Yは退職しないで済むことになります。

とはいうものの、実際には、YがX社の悪意または有過失を立証することは困難であるため、退職を覆すことは難しいでしょう。

2. 関連判例　昭和女子大学事件（東京地決平4.2.6）

1 事案

この事件は、従業員が学長とトラブルを起こし、その解決のために提出された退職届による退職の意思表示が真意に基づくものではないので心裡留保にあたるとして、従業員から退職の意思表示は無効であるとの主張がなされたものです。

2 判旨

認定事実によれば、従業員は反省の意を示すために退職願を提出したもので、実際に退職する意思を有していなかったものと認められる。そして、本件退職願は、勤務継続の意思があるならばそれなりの文書を用意せよとの学長の指示に基づいたものであること、従業員は本件退職願を提出した際に学長らに勤務継続の意思があることを表明していることなどの事実によれば、学校側は、従業員に退職の意思がなく、退職願による退職意思表示が従業員の真意に基づくものではないことを知っていたものと推認することができる。そうすると、従業員の退職の意思表示は心裡留保により無効であるから（民法93条但書）、学校側がこれに対し承諾の意思表示をしても退職の合意は成立せず、従業員の退職の効果は生じないというべきである。

3 解説

この事件では、従業員が「反省の意を示すために退職願を提出した」と裁判所に認定されました。つまり、退職願は真意でない意思表示とされたのです。

そして、従業員が退職願提出時に勤務継続の意思があると表明しているため、

学校側は意思表示が真意でないと知っていたとされ、民法93条但書が適用され、退職願は無効とされたのです。

退職の意思表示と錯誤

事例 20

定年退職まであと5年と迫ったX社の営業部長であるYが、自社には早期退職優遇制度があり、早期退職を申し出れば退職金の支給額が上がると考えて、X社に退職の意思表示をしましたが、X社にはそのような規定が存在しないことに退職日直前になって気づき、Yは、退職の意思を取り下げたいとの申し入れをしました。しかしX社は、すでに後任の営業部長となる者を地方から本社に転勤させる等、すでにYの退職を前提とした手続に入っています。X社はYの退職の意思表示の撤回を受けなければならないのでしょうか。

ANSWER

民法　95条

> （錯誤）
> 第95条　意思表示は、法律行為の要素に錯誤があったときは、無効とする。ただし、表意者に重大な過失があったときは、表意者は、自らその無効を主張することができない。

判例　ヤマハリビングテック事件・大阪地決平11.5.26

解説

1. 錯誤

1 錯誤とは

今回のケースでYは、自社に早期退職優遇制度があると思い違いをした結果、退職の申込をしています。このような場合、民法の「錯誤」の規定（民法95条）が適用できるかが問題となります。適用されれば、Yの退職の意思表示は無効な意思表示となり、退職せずにすみます。

89

錯誤とは誤信、思い違い等から、**意思**（内心的効果意思）と**表示**（表示行為）との間に**不一致を生じ**、それを**表意者自身が知らない**意思表示をいいます。表意者が意思と表示の不一致を知らないという点で、先に解説した心裡留保（事例19参照）の場合とは異なります。

錯誤の問題について考える際には、まず、「**動機の錯誤**」というものについて考える必要があります。例えば、土地の売買が行われた場合に買主は、この土地を買うという意思の表示をしますが、内心では、オリンピック開催に向けて地下鉄の駅が近くにできるため、著しく値が上がると思って、土地を買い受けたところ、実は、地下鉄の駅ができる予定はなかったという場合に錯誤であると主張できるでしょうか。実は、この場合、買主は「その土地を買いたい」という点に関して錯誤（思い違い）は存在しないのです。思い違いが生じているのは、その土地を買う「**動機**」なのです。このようなケースを「動機の錯誤」といいます。

動機は、意思表示をした人（表意者）の内心の問題ですので、これを当然に錯誤の問題とすることができないというのが判例・通説の立場です。動機というものは**意思表示の形成過程**であって、**意思表示そのものとは異なる**と考えられていて、動機に錯誤があってもそれは意思表示の錯誤ではないということです。ただ、錯誤の問題のほとんどが動機に勘違いがある場合なので、動機の錯誤がある場合にまったく錯誤無効を認めないということになれば、民法95条の意義が失われてしまうという結果になってしまいます。ただ、動機は表意者の内心にとどまるものであるので、全面的に認めると今度は相手方にとって不意打ちとなってしまいます。そこで、判例はこれらの調和を図り、**動機が意思表示の内容として相手方に表示された場合に限り**、動機も意思表示の内容であると評価され、「錯誤」の対象となるとしています。

今回のケースの場合、Yは、早期優遇退職制度で退職金の支給額が上がるから辞めようと考えていたため、動機の部分に錯誤があることになります。判例理論に従えば、Yが何も言わずに退職の意思表示のみを伝えた場合、動機がX社に明示されていないため、意思表示の内容とはならず、錯誤無効は認められないという

ことになるでしょう。これに対して、YがX社に「今辞めれば退職金の支給額が値上がりするので退職させてください」と動機を明示していたならば、その動機は意思表示の内容となり、その部分に食い違いがある場合は錯誤無効の主張ができるということになります。

　Yは特に動機を明示していないので、そもそも錯誤無効の主張は無理なのですが、仮に明示していた場合は、錯誤が無効となる要件として、①意思表示に**錯誤**（勘違い、書き違え、言い違い）があること、②「**要素の錯誤**」があること、③表意者に重大な過失（**重過失**）がないことの3点が条文上求められているので、それらを満たしているかを考えていきます。

　まず、Yは早期退職制度がないのにあると思って退職の意思表示をしたため、①は認められます。では、②、③はあるでしょうか。②の要素の錯誤の「要素」とは、もし、その点に関して錯誤がなければ通常人であれば、そのような意思表示をしなかったであろうと考えられる「重要な事項」に関することを意味します。この重要な事項について勘違いがあった場合に、はじめて無効という扱いをされるのです。優遇措置がなければ退職という重大な判断を通常しなかったでしょうから、②も認められるでしょう。問題は③です。③の重大な過失とは、通常人に期待される注意を規準にして、**注意義務を著しく欠くもの**をいいます。したがって、表意者にこのような重大な過失があれば、無効になりません。Yに関していえば、X社に早期退職優遇制度がそもそも存在しない以上、それに関する規程や資料も存在しませんから、客観的な判断材料も確認せずに退職の申出をしてしまったということになります。そうなると重大な過失ありとして、錯誤無効の主張を認められない可能性が高いでしょう。

❷ 民法95条の趣旨

　民法95条についても、その趣旨を「**保護事由と帰責事由のバランス**」（事例15参照）から理解できます。前述のとおり、錯誤の効果は無効であり、無効とは「はじめから効果が生じない」ということですから、誤って意思表示をしてしまった「**表意者**

保護」のための規定ということになります。しかし、錯誤というものはいわば「勘違い」であって、勘違いした表意者に帰責事由があります。それにもかかわらず、無効という強力な効果を及ぼすからには、錯誤の主張をする者に、その帰責事由を上回る保護事由がある必要があります。また、そうでなければ、意思表示を受けた相手方の保護に欠けることになります。そこで、錯誤が要素の錯誤であり、表意者に重過失がないこと、という要件を求めることで、バランスをとっているのです。

2. 関連判例

■1 事案 ヤマハリビングテック事件（大阪地決平11.5.26）

　従業員Yは部下が架空売上を計上していることを察知しつつもこれを黙認していました。X社は、そのことに気づき、Yに対して懲戒解雇処分もありえることをちらつかせて退職を勧奨しました。従業員Yは、退職願を提出しないと懲戒解雇になると思い提出しましたが、その後懲戒解雇になる理由がなく、退職の意思表示は錯誤に基づく意思表示であり無効であるとして、会社を訴えた事案です。

■2 判旨

　Yは、以前から部下が架空売り上げを計上していることに気付き、これを黙認していたと推認されるが、部下がこのような架空売り上げを計上したのは、Yによる売上目標達成の強い指示によるものであるといえ、また、Yが売上目標達成の強い指示をしたのも、Yの上司からの強い指示に従ったためであり、Yのみを責めることはできない。部下の架空売り上げの計上を黙認していたことは許されるべきことではないが、前記のような理由もあり、また、Yの上司については、その処分について検討したことも伺われない。これらのことから、Yの責任は重いものの、Yのみを処分の対象として懲戒解雇するのは処分の均衡を欠くものである。そのため、Yには懲戒解雇事由が存在するとはいえない。以上によれば、Yは、懲戒解雇事由が存在しないにもかかわらず、こ

れがあるものと誤信し、懲戒解雇を避けるために、任意退職の意思表示をし
たものであって、その意思表示には要素の錯誤があったということができる。
したがって、Yの行った退職の意思表示は無効である。

事例21 退職届の提出期限に関する問題

退職を希望する従業員がおり、「3日後に退職させてほしい」といっています。就業規則には、「退職を希望する際には、1か月前に退職届を提出すること」と規定しているのですが、この従業員の退職は認めないといけないのでしょうか。

ANSWER

民法 627条

(期間の定めのない雇用の解約の申入れ)
第627条　当事者が雇用の期間を定めなかったときは、各当事者はいつでも解約の申入れをすることができる。この場合において、雇用は解約の申入れの日から2週間を経過することによって終了する。
2　期間によって報酬を定めた場合には、解約の申入れは、次期以後についてすることができる。ただし、その解約の申入れは、当期の前半にしなければならない。
3　6箇月以上の期間によって報酬を定めた場合には、前項の解約の申入れは、3箇月前にしなければならない。

判例　高野メリヤス事件・東京地判昭51.10.29

1. 退職届の効力発生時期

会社としては「3日後に辞めます」といわれても簡単に認められないでしょう。補充人員を募集したり、業務の引継ぎを行わせたりしなければならないためです。

しかし、法律上では、労働者には退職の自由が認められており、労働者の退職

を認めないと、憲法の規定する**職業選択の自由**（**憲法22条**）を制限することになります。また、労働基準法で規定する**強制労働の禁止**（**労基法5条**）にも違反することになります。

2. 退職の申出への民法の適用

　期間の定めのない契約の場合、労働者はいつでも退職することができるとされており、労働者は退職の申出をした日に、すぐに退職できると考えがちです。

　しかし、民法に「当事者が雇用の期間を定めなかったときは、各当事者はいつでも解約の申入れをすることができる。この場合において、雇用は、解約の申入れの日から2週間を経過することによって終了する」（**民法627条1項**）とあり、即日での退職は認められないこととされています。

　一方、労働者側から退職を申し出る場合は、労働基準法には規定がないため、一般法である民法の規定が適用されることになります。

　例えば、会社が退職を認めない場合は、少なくとも申入から2週間は引続き働かせることが可能になります。しかし、労働者が拒否すれば2週間以上は拘束することはできません。2週間が一つの区切りとなります。

　さらに、民法627条2項には「期間によって報酬を定めた場合には、解約の申入れは、次期以後についてすることができる。ただし、その解約の申し入れは、当期の前半にしなければならない」と定められています。

　例えば、月給制の会社で賃金計算期間が1日から末日までである場合、当月の末日で退職するためには15日までに退職届を提出しなければならないということです。16日以降に退職届を提出するとなると、翌月末日まで退職できないことになります。

　なお、期間の後半に退職届を提出した場合ですが、例えば、就業規則で1か月前の提出を規定していたとすると、16日に退職届を提出した場合、民法の規定では翌月末日まで退職できないことになりますが、就業規則では1か月前と規定されているので、翌月15日に退職できることになります。

　なぜなら、民法の規定を従業員に不利に解釈することはできないため、就業規

則の規定が優先して適用されるからです。

民法627条2項が適用されるのは完全月給制の事業場であるとされています。その場合、予告期間を1か月とした場合は、当月の前半に申し出た者は予告期間を延長することになります。

一方、当月の後半に申し出た者は予告期間を短縮することになります。この場合でも、労働者が民法の規定に従って辞職を申し出てきた場合には、その者の予告期間を延長して拘束することはできないことになります。

3. 関連判例

この予告期間について、30日前に退職の申入をするように定めた就業規則の規定の効力が争われた判例があります（**高野メリヤス事件・東京地判昭51.10.29**）。「退職に際し、一般従業員は遅くとも1か月前、役付者は6か月以前に退職願を提出し、会社の許可を必要とする」とする就業規則の規定の有効性が争われた事件です。

判決では「民法627条の予告期間は、使用者のためにはこれを延長できないものと解することが相当である。したがって、就業規則の規定は、予告期間の点につき、民法627条に抵触しない範囲でのみ有効だと解すべきである」と判示しています。

4. 就業規則に提出期限を規定してトラブル防止

業務の引継ぎや補充人員の採用にも時間が必要です。したがって、会社としては社員に突然の退職を申し出られると非常に困ることになります。

就業規則に「退職届は退職予定日の1か月以上前に提出すること」等と定めている企業が多くあるのは、こうした背景からです。

これも民法の規定にあわせるのなら、「**少なくとも2週間以上前に提出すること**」と規定することが望ましいでしょう。なかには3か月前に提出するよう定めている企業もありますが、このような規定は労使トラブルになると有効性を否定される可能性が

高いと思われます。

　なお、退職届の提出時期を2週間より前に設定しても無効とされる可能性もありますが、1か月程度の予告期間を設けたとしても、一律に無効と解すべきではないでしょう。退職する労働者の担当していた業務に空白が生じることを防ぎ、後任への業務の引継ぎを行うため等の目的で1か月程度の予告期間を設けることは、企業の運営上合理的な理由だと認められます。従業員のモラルに期待するという意味で、強制力はありませんが、規定にしておくことは技術的には可能です。

　つまり、まず、就業規則上では1か月前に退職届を提出すると定めておきます。しかし、それは強制ではなく「可能な範囲で1か月前に提出してもらう」という趣旨のものであるとします。退職届が2週間前に出された際、この規定に基づいて拒否する、としなければ法律違反にはなりません。

　就業規則には「自己都合退職希望の場合、原則として1か月前、少なくとも2週間前に所属長に退職届を提出しなければならない」と規定することで、労使トラブル発生の可能性を低くし、企業防衛も可能になるのです。

事例 22

退職前の有給休暇申請に関する問題

　X社の従業員Yは、突然会社に翌月末での退職を申し出る退職届を提出したうえで、「有給休暇が40日分たまっていますので、明日から退職日までのすべての出勤日について、有給休暇の取得を申請します」と申し出てきました。Yは営業部門で取引先を多数担当しており、退職はやむをえないにしても、後任者への引継ぎ作業や取引先へのあいさつ回り等をしてもらわなければなりません。このようなYの年次有給休暇取得申請は認められるのでしょうか。

ANSWER

労働基準法 39条

> （年次有給休暇）
>
> 第39条
>
> 5　使用者は、前各項の規定による有給休暇を労働者の請求する時季に与えなければならない。ただし、請求された時季に有給休暇を与えることが事業の正常な運営を妨げる場合においては、他の時季にこれを与えることができる。

民法 1条

> （基本原則）
>
> 第1条　私権は、公共の福祉に適合しなければならない。
>
> 2　権利の行使及び義務の履行は、信義に従い誠実に行わなければならない。
>
> 3　権利の濫用は、これを許さない。

判例 此花電報電話局事件・最判昭57.3.18

1. 年次有給休暇取得に関する諸問題

解 説

1 労使トラブルは労働法だけでは解決できない

　労使トラブルの予防や解決について考えるとき、その根本に据えてほしいのが、「**労使トラブルは労働法だけでは解決できない**」ということです。前にも少し説明しましたが、ここでさらに詳しく説明を加えておきます。

　労使トラブルについては、ついつい労働法のみで解決しようとしてしまう傾向があります。たしかに労働法は労使の関係を対象としていますが、労働法のみでは、労使間における問題の一部を解決できるにすぎません。

　なぜなら、労使間には、契約関係に基づく権利義務の問題もあれば、契約関係以外から生じる権利義務に関する問題も起きるからです。前者は主に債務不履行（**民法415条以下**）の問題であり、後者は主に不法行為（**民法709条以下**）の問題として表れてきます。いずれにしても、民法の知識がなければ、解決策を探ることも提案することもできません。

　特に前者の契約関係についていえば、**労働契約法**（平成20年より施行）の存在意義がこれで明確になります。労働基準法は労働基準の最低基準を定め、その基準の遵守を罰則で担保している**公法**ですが、それはあくまで**労働条件の最低基準の確保**というかたちで労働者の保護を図っているにすぎません。労働者と使用者の間には、「**契約**」という**私法**の関係が存在し、その関係に紛争が発生した場合（**個別的労使紛争**）には、民法をはじめとした私法によって終局的には解決されなければならないからです。そして、それらの紛争に対して今まで積み上げられた**判例法理**を明文化・立法化したものが、労働契約法なのです。つまり、労働契約法は民法の特別法という位置づけになるのです。民法を理解しなければ、労働契約法という労働法は理解できませんし、労働契約法を労使トラブル解決に活用することもできません。

　このように「労働法のみでは労使トラブルは解決できない」ということは、労働契約法の存在からも明らかなのです。

さらに、民法の知識だけでなく、すでに登場した憲法に関する知識や、これから登場する刑法の知識も必要となります。憲法・民法・刑法を「基本三法」と呼ぶことがありますが、「基本三法」の知識があってこそ、労使トラブルに有効適切に対処できるのです。

2 就業規則は理論を実践へ移す場所

「労使トラブルは労働法だけの知識だけでは解決できない」ことはおわかりいただけたと思います。そして、憲法・民法・刑法の基本三法や、労働基準法・労働契約法等の労働法の理論を実践へと移すのが「就業規則」です。

就業規則は「会社の憲法」とも呼ばれる重要な存在であることは皆さんご存知でしょうが、この就業規則の整備を怠ると、労使トラブル予防にも解決にも役に立たない存在になってしまいます。有効適切な就業規則は、基本三法や労働法の理論を実践に移す形で作り上げなければなりません。そのため、本書では、随所で就業規則に関する問題についても解説していきます。

3 公法と私法

公法と私法についても、簡単に触れておきます。**公法**とは、国家と国民の関係を定める法です。いわゆる「**縦の関係**」を定める法ということになります。労働基準法も公法で、国家が国民である使用者に対して、労働基準法を守るよう求める指揮命令の関係です。

私法とは、私人間の関係を定める法です。対等平等な「**横の関係**」を定める法ということになります。使用者と労働者の関係もまた、基本的には対等平等の関係であるため、横の関係であるといえます。

4 年次有給休暇の時季指定権と時季変更権

それでは、今回のケースのような、突然退職願を出したうえで、その翌日から退職日までの継続した**年次有給休暇（有休）**取得の申請をし、業務に欠かせない引継

ぎ等の配慮を全くせずに退職していく従業員に対してはどのように解決していけばよいでしょうか。

　従業員には、有給休暇の「**時季指定権**」が与えられているため、取得する時季の選択や利用目的はその従業員の自由に委ねられています。そのため、従業員からの有休取得の申出を、会社側が退職直前であるという理由で拒否することは原則的にできません。

　そこで、考えられるのが、会社側に与えられた権利である「**時季変更権**」です。**労働基準法39条5号**には、従業員の時季指定権だけでなく、使用者の時季変更権が定められており、「事業の正常な運営を妨げる場合」には、他の時季に有休を与えることができるのです。業務の引継ぎが行われないままでは、事業の正常な運営が妨げられる可能性が多分にありますので、X社はこの時季変更権を行使すればよいようにも思えますが、Yの退職日までの日数がYの有給休暇残日数と同じか、それを下回る場合だと、もはや変更すべき労働日が存在しないため、時季変更権を行使することが不可能となります。時季変更権はあくまで、別の労働日を有休に変更する権利ですので、退職日以降に変更することはできないのです。よって、今回のケースでX社は、退職日までのすべてを有休申請したYに対しては、時季変更権を行使することが事実上できないのです。

　では、果たしてこのような場合に、X社はYの言いなりになって有給休暇の取得を認めなければならないのでしょうか？

　この点に関しては、最終的にはやはり労働基準法だけでは解決できず、「**権利の濫用**」の問題として、民法で解決することになります。

5 民法1条と権利の濫用

　年次有給休暇に関しては、従業員の時季指定権と、会社の時季変更権の衝突がよく生じます。この点について判例は、当日になって年休を請求した従業員に関する事案で、「その労働者の休暇に伴う代替え者の配置その他の対応措置を講ずることを困難にさせ、さらに事情によっては、使用者が時季変更権を行使しようとし

ても、それを行使しうる時間的余裕を与えられないこととなるから、正当な権利の行使と認められないので、かかる当日の年次有給休暇は、拒否することができる（**此花電報電話局事件・最小判昭和57.3.18**）」としています。つまり、有給休暇の時季指定権がたしかに労働者の権利であるとしても、社会通念上、それを行使することで会社の事業の正常な運営を著しく阻害すると認められる場合には、**権利の濫用（民法1条3項）**となり制約されうるとしたのです。

なお、民法の基本原則を定めた規程が**民法1条**です。すべての労使トラブルは、究極的にはこの民法1条によって解決されるといっても過言ではないくらい大切な条文ですので、その意味についてよく理解してください。

民法は**1条1項**で「**公共の福祉**」について定めています（事例3参照）。公共の福祉とは簡単にいえば「社会全体（みんな）の幸せ」という意味です。社会は1人の個人だけで成り立っているわけではないので、個人が権利を行使するにしても、他の個人との関係や、社会全体との関係でバランス調整が必要になります。そのため、個人の権利は社会全体の幸せに適合する内容でなければならないと定めたのです。

さらに**民法1条2項**では、「**信義誠実の原則（信義則）**」について定めています。たとえ権利者であっても、その権利を無制限に行使できるわけではなく、例えば契約関係ならば、その相手方の信頼を裏切らないよう、誠意をもって行動しなければならないということです。そして、この信義誠実の原則から外れるような権利の行使をした場合、**民法1条3項**の「**権利の濫用**」とされることになります。権利の濫用とは、外形上は正当な権利の行使のようにみえるものでも、その行使の実質を判断すれば、相手方を困らせるような、正当性のない反社会的な権利行使のことをいいます。

6 保護事由と帰責事由

ここで、**保護事由と帰責事由**という概念について解説します。先ほど、「**バランス調整**」という言葉が登場しました。年次有給休暇（年休）に関する時季変更権の問題は、保護事由と帰責事由のバランス調整が必要な場面です。

会社には従業員に労務の提供を求める権利があり、従業員には年次有給休暇の請求権があります。その両者のバランス調整として、時季変更権があるわけですが、実際の場面で従業員が年次有給休暇の時季指定をした場合には、バランス調整といってもなかなか難しい問題があります。

　一般論としては、先ほど説明したように、年次有給休暇取得により事業の正常な運営が妨げられるときには、使用者は年次有給休暇の時季変更権を行使できることになっています。時季変更権の行使の適否は、事業の内容、規模、労働者の担当業務、事業活動の繁閑等から判断されることになりますが、業務の正常な運営が妨げられ、代替要員の確保も困難というような場合でないと、時季変更権が実際に認められることはないでしょう。その意味で、年次有給休暇に関しては、法が労働者の権利の保護の方向に圧倒的にバランスを傾けているということになります。

　ただし、従業員が就業規則に定める30日前の退職申出(事例21参照)をすると同時に、残りの期間すべてを年次有給休暇取得申請してきたような場合には、話が違ってきます。このような申出をされても会社業務の正常な運営に支障が出ないような従業員であれば別ですが、通常はそれまで担当していた業務に関する報告や後任者への業務引継、関係取引先等へのあいさつ回り等が必要になるでしょう。

　それにもかかわらず、いきなり権利行使をするようなことは**民法1条3項**に定める「**権利の濫用**」ということになり、認められないとするのが常識的な対応であり、バランスがとれた結論だといえるでしょう。

　この結論を導くうえでの考え方が**民法1条2項**にある「**信義誠実の原則**」です。しかし、権利の行使および義務の履行は信義に従い誠実に行われなければならないのは正しいにしても、どのような内容であれば、信義に従っており、誠実なのかについてはどう考えればよいのでしょうか。

　その答えが、「**保護事由**」と「**帰責事由**」なのです。そもそも私人間の権利義務関係について定めた法であり、それは、法によって、**どれだけの保護をすべきか**、あるいは、**どれだけの責任を負うべきか**について定めた法律であるということでもあります。よって、ある者が**法的保護に値するだけの理由**(保護事由)をどれだけ有し

ているか、あるいは、ある者が**法的責任を追及されるだけの理由**（帰責事由）をどれだけ有しているかを考えずにして、民法のような法律の適用はできないのです。

もう少しやさしいいい方をすれば、対立する者がそれぞれどれだけ**プラス面とマイナス面**を有しているか、ということを考慮しなければならないということです。そして、「**保護事由と帰責事由のバランス**」のとれるところを妥当な結論とするのです。

退職直前の有休申請の場合にも、前述の此花電報電話局事件と同様の考え方をとることで、保護事由と帰責事由のバランスをとることができるでしょう。つまり、**有休申請が信義則違反ないしは権利の濫用と判断できる客観的事実が存在するならば、使用者は労働者の時季指定権の行使を拒否できる**ということです。ここでの客観的事実とは、退職の申告時期・申告の様態、担当部署の繁閑（忙しさ）、職種の代替性の可否、従来の年休の取扱いといった事実です。これらの事実から、使用者側と労働者の事情を総合的に勘案して権利の濫用か否かを判断することになります。

今回のケースでは、Yは営業部門に勤務し、多数の取引先を担当していながら、一切の引継を行わずに有休申請をしています。X社には、引継等の残務整理を求める理由（保護事由）があり、Yには一切の引継を行わないという身勝手さ（帰責事由）があります。よって、X社としては、**Yの時季指定権を権利の濫用として認めないことができる**と考えるのが、保護事由と帰責事由のバランスのとれた結論といえるでしょう。

ただし、保護事由と帰責事由のバランスの観点からは、X社が時季指定権を認めないことが正当化されるのは、あくまで引継等の残務整理に要する日数だけとなるということに注意してください。

2. 債務不履行責任の検討

さらに、**債務不履行責任**（民法415条等）を問うことも可能です。**債務不履行**とは、「債務の本旨に従った履行をしないこと」です。会社との労働契約（雇用契約）関係にある限り、退職日まではその在籍する企業の企業活動に対して誠意を持って貢

献することが求められています。退職前に後任者への引継等を一切考慮しないで有給申請することは、従業員にとってそれらの義務を果たさないことになるため、「債務の本旨に従った」履行とはいえず、債務不履行責任が生じることになり、損害賠償を請求できます。

3. 再発防止策

なお、労使トラブルの予防・解決のためには、就業規則の制定・整備が欠かせません。

今回のケースのようなトラブルを防ぐには、**就業規則**上に「退職を申し出る者は、自己の担当業務に関する引継処理に関して配慮しなければならない」等とする規定と、違反した場合の**懲戒**の定めを設けておくべきでしょう。

競業禁止義務と退職金に関する問題

事例 23

当社(X社)の営業マンYがライバル会社へ転職しました。当社では就業規則に競業禁止規定をおいているのですが、その規定は営業部に限ったもので、「退職後1年以内に同一市内の同業他社へ転職した場合には、退職金を不支給とする」という内容です。Yは営業部に所属していたので、当社は退職金を払わなくてよいのでしょうか。

ANSWER

憲法 22条

> 第22条　何人も、公共の福祉に反しない限り、居住、移転及び職業選択の自由を有する。

判例 トヨタ工業事件・東京地判平6.6.28

退職金不支給による転職先の規制

解説

1 「職業選択の事由」との兼合い

転職先の規制をすることは、憲法22条で規定する「職業選択の自由」との兼合いから問題になります。しかし、労働者が競業他社へ転職した場合に、会社に著しい不利益がもたらされる場合には、職業選択の自由にもある程度の制限が加えることができると解されています。

例えば、会社の内部機密に精通している社員が同業他社に転職し、この機密を利用すれば、会社が多大な損失を被る可能性は非常に高いといえます。したがって、今回のようなケースを防ぐため、社員の退職後の転職先について制限規定を設けている場合が多く存在します。

2 就業規則への規定の仕方

　この問題に関する規定で一般的なものは「規定に反した場合には、退職金を減額または不支給にする」という趣旨のものです。こうした規定が有効であれば、社員がこの規定に違反したときは、退職金の減額は可能です。ただし、減額する場合には減額をするための具体的な規定がなくてはなりません。

　この規定が有効になるかどうかの判断基準は、主に以下のとおりです。

① 競業が禁止される期間
② 競業が禁止される場所的範囲
③ 制限の対象となる職種の範囲
④ 代償の有無

　例えば、業務上で秘密等に関係することがないような社員にまで転職先に制限を加えるような規定、退職後10年間もの長期間にわたって同業種に従事することを禁止するような規定等は、当然に無効とされますし、退職金の減額等も認められません。一方、減額が認められる場合においては、禁止事項に該当する行為をしただけで足り、実際に会社に損害が発生していることは問われません。

3 退職金の全額不支給とする場合

　退職金を全額不支給とする場合は、単に違反事実があったことのみでは行うことができません。該当する社員にそれ相応の責任がある場合に限られると解されます。

　具体的には、

① 全額不支給にする必要性
② 退職にいたるいきさつ
③ 退職の目的
④ その違反行為による損害額

等を総合的に考え、妥当だと認められる場合のみ、全額不支給が可能となります。したがって、実際に罰則を適用する場合には慎重に行うことが必要です。

　次のように判示している判例があります。

「退職金は、功労報償的性格とともに、賃金の後払い的性格をも併せ持つものであることからすると、退職金の全額を失わせるような懲戒解雇事由とは、労働者の過去の労働に対する評価をすべて抹消させてしまうほどの著しい不信行為があった場合でなければならない」(**トヨタ工業事件・東京地判平6.6.28**)。

今回のケースでは、退職金の不支給自体は認められるにしても、「労働者の過去の労働に対する評価をすべて抹消させてしまうほどの著しい不信行為があった場合」とまで評価することは困難ですので、全額不支給は認められないでしょう。

懲戒処分決定前の自宅待機に関する問題

事例 24

　先日、女性従業員から業務外の飲み会の席でセクハラ行為を受けたとの苦情がありました。加害者とされる職場同僚から事情を聞いたところ、セクハラに近い行為はあったことは確認することができましたが、セクハラ行為については、本人は否定しており、実際問題として懲戒処分に相当するかどうか、微妙なところです。

　そこで、会社として一定の判断を下すまで自宅待機するよう命じました。これに対して、当該労働者が、自分は何も不法行為をしていないのだから自宅待機中も賃金を支給するよう申し入れてきました。会社としては、無給扱いを考えていますが、こうしたケースにおいても、自宅待機中とはいえ賃金は支払う必要があるのでしょうか。

ANSWER

民法 536条

(債務者の危険負担等)
第536条　前2条に規定する場合を除き、当事者双方の責めに帰することができない事由によって債務を履行することができなくなったときは、債務者は、反対給付を受ける権利を有しない。
2　債権者の責めに帰すべき事由によって債務を履行することができなくなったときは、債務者は、反対給付を受ける権利を失わない。この場合において、自己の債務を免れたことによって利益を得たときは、これを債権者に償還しなければならない。

判例

1. 処分決定前と自宅待機

解説

1 自宅待機命令とは

　労働者が、企業秩序違反（非違行為）あるいは法令違反行為を行ったときは、通常、会社は一定の調査を行い、事実関係を明確にします。そのうえで当該者を懲戒処分にするか否か、仮に処分するにしてもどの程度の処分にするのかを判断しなければなりません。このための一定の調査を行い、「事実関係」を明確にするまでには、通常、1〜2か月の期間を要するとされています。

　非違行為の悪質さの程度、重大性いかんにもよりますが、非違行為が企業活動に与える影響が大きければ大きいほど、問題社員を従来どおり働かせるわけにはいかなくなります。そこで、調査と事実関係の確認が終わるまでの一定期間、自宅待機命令を命じることがあります。

　その際、就業規則にその旨の規定を必要とするか否かが問題となりますが、懲戒処分を下す前提である業務命令としての自宅待機命令は、就業規則に規定がなくても一般的にはできると解されています。

2 就労請求権とは

　ここで問題となるのは、この自宅待機命令に対して、労働者側は就労請求権を行使することができるか否かです。

⑴消極説

　この点につき、裁判例は、以下のような判旨を述べ、「労働者が使用者に対する請求権は賃金請求権のみであって、いわゆる就労請求権は有しない」と指摘しています。

　日本自転車振興会事件（東京地判平9.2.4）では、「一般に、雇用契約は、双務契約であって、契約の一方当事者である労働者は、契約の本旨に従った労務を提供する義務を負い、他方当事者である使用者は、提供された労務に対する対

価としての賃金を支払う義務を負うが、特段の事情がない限り、雇用契約上の本体的な給付義務としては、双方とも右の各義務以外の義務を負うことはない。したがって、特段の事情のない限り、労働者が使用者に対して雇用契約上有する債権ないし請求権は、賃金請求権のみであって、いわゆる就労請求権を雇用契約上から発生する債権ないし請求権として観念することはできない」としています。

また、読売新聞社事件（東京高決昭33.8.2)では、「労働契約に特別の定めがある場合又は労務の性質上労働者が労務の提供について特別の合理的な利益を有する場合を除いて、労働者は就労請求権を有しない」としています。

⑵積極説

こうした「消極説」に対して、労働者の就労請求権を肯定する「積極説」がないわけではありません。

調理人の就労請求権につき、裁判例は、「一般に労働者は、就労請求権を有しないが、労働契約等に特別の定めがある場合又は業務の性質上労務の提供について特別の合理的利益を有する場合は、これを肯定するのが相当である。調理人は仕事の性質上調理技術の練磨習得を要し、その技量はたとえ、少時でも職場を離れると著しく低下するものであるから、就労請求権を有する」と指摘しています**（スイス事件・名古屋地判昭45.9.7)**。

これら一連の裁判例の判旨を要約すれば、①当該労働者が就労することについて特段の利益がある等の場合や、②労働契約等に特別の定めがある場合または業務の性質上労務の提供について特別の合理的利益を有する場合は、労働者の「就労請求権」が肯定され、使用者の「自宅待機請求権」は否定されることになります。

また、前述の特段の利益がないとしても、「自宅待機命令」自体に正当な理由がないときは、裁量権の逸脱として違法と判断されるということです。

2. 処分決定までの自宅待機と賃金支払義務の有無

　次の問題は、非違行為の調査・事実関係確認のため自宅待機を命じた期間は、賃金の支払を要するかです。つまり、自宅待機者に対する賃金の支払義務が使用者に生じるのか否かということです。

　この場合における自宅待機（休業）を命じたときの賃金の支払の有無は、まず、任意規定である民法の「危険負担の原則」（民法536条）によって決まります。

1 使用者の「責めに帰すべき事由」による場合

　使用者（企業）の「責めに帰すべき事由」（民法536条2項）による休業（自宅待機）といえる場合は、当然、使用者は当該労働者に対して休業期間中の賃金は全額支払わなければなりません。

　ちなみに、ここでいう使用者の「責めに帰すべき事由」とは、故意・過失または信義則上これと同視すべき事由をいいます。

　したがって、自宅待機（休業）が必ずしも必要ではない場合、いいかえれば、業務に従事しながら調査をすることが可能なのに、自宅待機（休業）させた場合は、「責めに帰すべき事由」であると認められるので、賃金は全額保障しなければなりません。

2 使用者の「責めに帰すべき事由」によらない場合

　他方、使用者の「責めに帰すべき事由」（民法536条2項）による休業（自宅待機）とはいえないとき、つまり使用者に民事上の帰責事由がない場合は、使用者は賃金を支払う必要はありません。また、労働者側も休業中の賃金の請求はできません。

　ただし、民法は強行法規でないため、就業規則、労働協約で特段の定めをしている場合はその限りではありません。

　しかし、こうした賃金を支払わなくてよい場合でも、強行規定である労働基準法26条の定めによって、休業手当の発生の有無を検討し、支払う必要があるかどう

かを判断することになります。

労働基準法26条の「責に帰すべき事由」の範囲は民法よりも広く、例えば原材料の入手難、機械の検査、監督官庁の勧告等により操業停止する場合は、使用者は労働基準法26条の休業手当を支払わなければならないとされています。

問題は、例えば今回のケースの場合のように、当該労働者に勤務を継続させると、使用者が何を調査しているかわかってしまい、当該労働者が調査を妨害したり、証拠を隠滅したりすることを想定して、自宅待機(休業)を命じる場合にも、休業手当を支払う必要があるかどうかということです。

この場合の自宅待機命令は、民法の定める使用者の帰責性はないでしょうが、使用者の自主的判断であり、使用者の裁量範囲に属する当該労働者による労務不提供と判断されます。したがって使用者は休業手当を払うのが相当と考えられます。

参考：労働基準法26条

（休業手当）

第26条　使用者の責に帰すべき事由による休業の場合においては、使用者は、休業期間中当該労働者に、その平均賃金の100分の60以上の手当を支払わなければならない。

---

3 自宅待機の帰責事由が労働者にある場合

これに対して、例えば当該労働者の非違行為の悪質さ、重大性等から、当該労働者が職場にいること自体が職場の秩序を乱し、混乱を招くおそれがある場合であれば、自宅待機(休業)させなければならない原因は、使用者側にあるのではなく、むしろ当該労働者側にあるといえます。

この場合は、民法536条で定める使用者側の帰責性がないことはもとより、労働基準法26条の「使用者の責に帰すべき事由」にも該当しないと考えられるので、賃金も休業手当も支払わなくても違法とはいえないでしょう。

ただ、使用者側の調査の怠慢等により、当初の自宅待機（休業）期間を超えて休業させた場合、その超えた期間については労働基準法26条の「使用者の責に帰すべき事由」による休業に該当するとして、使用者は休業手当を支払う必要が出てくるでしょう。

・関連判例

① 7か月間続けられた自宅待機命令

　ノース・ウエスト航空事件（千葉地判平5.9.24）は、航空会社の整備工として働く労働者が、勤務中に旅客機内でシャンパンを飲んだこと、7か月間に及ぶ自宅待機命令を無視して就労したこと等を理由に解雇され、その適法性を争った事案です。

　判決では、①使用者が、従業員に対し労務提供の待機を命じることは、当該従業員の労務の性質上就労することに特段の利益がある場合を除き、雇用契約の一般的指導監督権に基づく業務命令として許されるとしました。また、②しかし、業務命令としての自宅待機も正当な理由がない場合には、裁量権の逸脱として違法となるとしました。そして、③この事案は、当初自宅待機命令を発したこと自体は適法であるとしても、自宅待機命令が約7か月継続した点は、正当な理由がなく違法であると下されました。

② 無制限な自宅待機命令に慰謝料として30万円

　上州屋事件（東京地判平11.10.29）は、被告会社から配転・降格異動を命じられたことに対し人事権の濫用を主張する店長（原告）が、事情聴取を受けた後、さらに無期限の自宅待機を命じられたことから、精神的慰謝料等を求めた事案です。

　判決では、被告の内部において、原告の処遇についてなかなか意見がまとまらず、2か月を要したことはやむを得ない面があるとしても、被告が原告に対し、相当な手続によって休職を命じたとはいえず、その期間を原告の承諾なく一部有給休暇および代休として処理したことは、被告の就業規則に反し、労働者の希望する時期に有給休暇を与えなければならないとする労働基準法39条に反するとしました。

　したがって、被告の右行為は不法行為に該当するというべきであるが、本件記

録上認められる諸般の事情を総合的に考慮すれば、慰謝料として30万円が相当であると判断されました。

3. 今回のケースの場合

さて、今回のケースの場合ですが、当該労働者に対しては自宅待機の処分が行われており、問題はこの自宅待機期間中の賃金を支給するか否かということになります。

この場合の賃金は、前述したように、民法で定める危険負担の原則（民法536条）に照らして、その必要があるか否かをまず判断する必要があります。

そのうえで、たとえ、賃金支払の必要がないとの判断結果に至ったとしても、労働基準法26条の規定に従って、原則としては休業手当を支払わなければならないこともあります。しかし、賃金や休業手当を支払わなくてよい場合もあるので、その前提として調査を十分に行い、事実関係を明確にすることが必要といえます。

セクハラ問題は、被害者の主観的な捉え方に関わる非常に微妙な問題であるため、調査に時間がかかることがあります。また、同じ職場において発生した場合は、被害を受けたと主張する労働者と、加害者とされる労働者をそのまま同じ職場に配置しておくことには問題が多くあります。

今回のケースの場合、第三者の目撃証言により、セクハラに近い行為があったと確認がとれているため、自宅待機命令を出すこと自体は問題なさそうに思えますが、セクハラ行為を行ったとの目撃証言のある労働者を暫定的に他の部署等に移動させ、セクハラ問題に関する両者が接触しないで済むことができるならば、自宅待機させずに調査を続けることもできるでしょう。

「他にとるべき方法がなく」自宅待機命令を会社として選んだ、というような場合ならば、賃金支給の義務はない、ということになります。

研修の直後に退職した社員に関する問題

事例 25

当社(X社)では、社員の能力向上のため会社が費用を負担して社員に研修を受けさせています。今回、研修を終了したばかりの社員Yが退職を申し出てきました。このような場合、退職するYから研修にかかった費用を返還させることはできるのでしょうか。

ANSWER

就業規則の規定の仕方
判 例

解説 研修の直後に退職した社員への対応

1 返還規定では無効となることがある

会社負担で研修を受けさせた社員がすぐに退職してしまう場合があります。会社としては、研修で身につけた能力を会社のために役立ててほしいと考えているのに、退職されてしまうのはやりきれないものがあります。ですから、せめて研修にかかった費用くらいは返還してほしいと考えるのも当然です。

そのため、就業規則に「研修の終了後1年間は、自己都合退職を認めない」とか、「研修後1年以内に退職する社員は、研修にかかった費用を返還すること」等と定めている会社もあります。しかし、トラブルになった場合、これらの規定は無効とされてしまう可能性が高いでしょう。

2 退職の自由を認めない規定は無効

まず、「研修の終了後1年間は、自己都合退職を認めない」という規定は、一定期間退職することを認めない規定です。憲法は、22条で職業選択の自由を謳って

います。また、労働基準法では、退職の自由を保障しています。したがって「研修の終了後1年間は、自己都合退職を認めない」という規定は、これらの法律に反することになるのです。よって、退職を認めない期間に関係なく、労働者が自由に退職できないという項目は無効となります。これは、本人の同意があっても同じです。この同意自体も法の趣旨から無効とされるためです。

❸ 返還することを定めた規定も無効

次に、「研修後1年以内に退職する社員は、研修にかかった費用を返還すること」等という規定も、無効と解されます。なぜなら、この規定は、1年以内に退職しないという約束に反して退職した場合、違約金ないし損害賠償の額を予定したものであるとされているからです。労働基準法16条では、労働契約の不履行について違約金や損害賠償額を予定することを禁止しており、先の規定は、この条文に反することになるためです。

❹ 有効とされる規定

このように、退職の自由を制限する規定や、研修費用を返還させる規定は無効とされます。しかし、研修費用を貸与する形式の規定は有効とされています（河合楽器製作所事件・静岡地裁昭52.12.23）。

そこで、例えば、「会社の認めた研修を受ける社員に対して、会社は必要な費用を本人に貸与する。ただし、研修受講後1年以内に自己都合により退職した者は、貸与された費用を全額返還しなければならない。研修受講後1年を経過した場合は、返済を免除する」等と定めておけば、会社と社員の間で返還債務免除特約（ある条件を満たせば借りたお金を返済しなくてよいという特約）がついた金銭消費貸借契約（お金の貸し借りをする契約）となります。

このようにすれば、労働契約の不履行に対する違約金や損害賠償額の予定とはならないため、労働基準法にも違反しません。また、全額を返済することにより退職することができますので、強制労働の禁止にもあてはまりません。

したがって、このような規定があれば、研修後1年以内に退職する社員がいた場合、その研修に要した費用の返還を求めることができるのです。

5 トラブルになったときのために

実際に研修を受けてすぐに退職する社員がいた場合、前述のような規定と共に、研修費用の返還について、退職金や賃金からの控除ができるようにしておくとよいでしょう。

そのためには、研修規程や賃金規程、退職金規程に退職金や賃金からの控除ができることを規定し、かつ、賃金控除に関する労使協定を締結しなければなりません。どちらか一方でも欠如していると、退職金からの控除はできないことになります。

6 貸与規定だからといってすべて返還させることはできない

しかし、就業規則の規定を貸与規定にしたからといって、必ず返還させることができるとは限りません。研修内容によっては、返還させることができないものがあります。例えば、本人がその業務を遂行するうえで必ずマスターしなければならない技術や知識を習得する研修の費用がこれにあたります。

このような業務との関連が高い技術や知識に関しては、その研修自体が業務遂行のため費用として会社が負担すべきものと解されるので、就業規則に貸与規定をおいていたとしても、返還が認められない場合があります。

判例では、返還が認められたものには、研修の受講が本人の自由意思によるものであり、業務と直接の関連性がなく、労働者個人の資質・能力を高め個人の利益となるような研修については、費用の返還が認められるとしています。

例えば、必ずしも業務に必要のない長期の海外研修等があてはまります。

第3章　退職・解雇に関するトラブル

7 関連判例

野村證券留学費用返還請求事件（東京地判平14.4.16）は、海外留学した労働者に対する会社の留学費用返還請求が労働基準法16条に違反するか否か争われた事件です。判旨は以下のとおりです。

会社が負担した海外留学費用を労働者の退社時に返還を求めるとすることが労働基準法16条違反となるか否かは、それが労働契約の不履行に関する違約金ないし損害賠償額の予定であるのか、それとも費用の負担が会社から労働者に対する貸付であり、本来労働契約とは独立して返済すべきもので、一定期間労働した場合に返還義務を免除する特約を付したものかの問題である。

具体的事案が、いずれに該当するのかは、単に契約条項の定め方だけではなく、労働基準法16条の趣旨をふまえて当該海外留学の実態を考慮し、当該海外留学が業務性を有しその費用を会社が負担すべきものか、研修費用の返還についての合意が労働者の自由意思を不当に拘束し労働関係の継続を強要するものかを判断すべきである。

本件海外留学決定の経緯を見るに、当該労働者は人間の幅を広げたいといった個人的な目的で海外留学を強く希望していたこと、派遣要綱上も留学を志望し選考に応募することが前提とされていること、面接でも本人に留学希望を確認していること、当該労働者には健康状態の問題等、上記合意の時点で留学を断念する選択肢もあったのに、留学したいとの意向が強く、本件留学を決定したこと等の事情が認められる。したがって、本件留学は形式的には業務命令の形であっても、実態としては労働者個人の意向による部分が多く、最終的に労働者が留学を決定したものと認められる。

また、留学の内容等から、本件留学は業務とは直接の関連性がなく労働者個人の一般的な能力を高め個人の利益となる性質を有するものといえる。現に労働者は実際には獲得した経験や資格によりその後の転職が容易になるという形で現実に利益を得ている。

したがって、本件留学は、費用債務免除までの期間を考慮すると、本件研修費

用は、会社から労働者に対する貸付金たる実質を有し労働者の自由意思を不当に拘束し労働関係の継続を強要するものではなく、労働基準法16条に違反しないといえる。

事例 26

雇止めに関する問題

　X社の労働者Yは、X社の某県工場において、有期雇用契約に基づく期間雇用臨時労働者として働いています。契約期間は6か月で、Yはこれまで契約を反復更新しながら3年間働いてきました。ところがX社は、業績低下に伴い「業務上の都合」を理由にYとの更新拒否を通知してきた。Yはこれを不服としています。契約の更新に応じなくてはならないのでしょうか。

ANSWER

労働契約法　19条

（有期労働契約の更新等）

第19条　有期労働契約であって次の各号のいずれかに該当するものの契約期間が満了する日までの間に労働者が当該有期労働契約の更新の申込みをした場合又は当該契約期間の満了後遅滞なく有期労働契約の締結の申込みをした場合であって、使用者が当該申込みを拒絶することが、客観的に合理的な理由を欠き、社会通念上相当であると認められないときは、使用者は、従前の有期労働契約の内容である労働条件と同一の労働条件で当該申込みを承諾したものとみなす。

一　当該有期労働契約が過去に反復して更新されたことがあるものであって、その契約期間の満了時に当該有期労働契約を更新しないことにより当該有期労働契約を終了させることが、期間の定めのない労働契約を締結している労働者に解雇の意思表示をすることにより当該期間の定めのない労働契約を終了させることと社会通念上同視できると認められること。

二　当該労働者において当該有期労働契約の契約期間の満了時に当該有期労働契約が更新されるものと期待することについて合理的な理由があるものであると認められること。

| **判 例** | 東芝柳町工場事件・最判昭49.7.22 |
| | 日立メディコ事件・最判昭61.12.4 |

1. 期間の定めのある雇用契約と雇止め法理

解 説

1 雇止めとは

　雇止めとは、有期労働契約が結ばれている場合に、使用者が更新を拒否することで、契約期間の満了により雇用関係が終了すること(更新拒絶)をいいます。この雇止めに関しては、本来的には**契約自由の原則**から、期間満了によって雇用関係が終了するのが原則です。そのため、労働基準法上、雇止めに関する規定は特に存在しないのです。むしろ逆に、**労働基準法14条**では労働契約の期間について労働者の拘束期間が長期化することを防止するために、**期間の上限**を設けています。企業にとっても、有期雇用契約社員は「雇用の調整弁」として、景気変動に人員削減で対応する必要性が生じた場合に、期間満了をむかえる契約社員から確実に削減が見込めるというメリットがあるのも事実です。

2 雇止め法理

　しかし、有期雇用契約社員の立場からすると、例えば契約の更新を繰り返しながら問題なく働いてきた場合、次もまた契約更新があるという期待が生じるのは当然のことでしょう。また、その期待を前提に生活を営んでいるため、雇止めとなると、その受けるダメージはかなりのものになります。

　そこで、使用者に比べて立場の弱い労働者保護の観点から、過去の最高裁判例により、一定の場合にこれを無効とする判例上のルール(**雇止め法理**)が確立するようになりました。この雇止め法理もまた、労働基準法だけでは労使トラブルを解決できないということの表れの一つです。労使トラブル解決のためには、条文だけでなく判例法理、特に最高裁判例への理解は必須になります。

❸ 東芝柳町工場事件最高裁判例

　雇止め法理のリーディングケースとなったのが、**東芝柳町工場事件**（**最判昭49.7.22**）です。本事件では、期間2か月で雇用された基幹臨時工（7名）が、5～23回にわたって契約更新をされており、業務の種類・内容は本工と同じで、自己都合退職を除いては、ほとんどが長期間継続雇用されていたというケースでの雇止めが問題となりました。

　最高裁は、労働契約が「期間の満了毎に当然更新を重ねてあたかも期間の定めのない契約と本質的に異ならない状態で存在していた」と認定し、このような契約を終了させるのは、**実質的には解雇の意思表示**といえるため、「本件各傭止めの効力の判断にあたっては、その実質にかんがみ、解雇に関する法理を類推すべきであるとするものであることが明らか」とし、**解雇権濫用法理を類推**するという方法で、雇止めに制限を加えました。

　この判決により、有期雇用契約を終了させることが期間の定めのない契約に関して解雇の意思表示を終了させるのと社会通念上同視できる場合には、その終了に解雇権濫用法理が類推され、雇止めに**客観的合理性**と**社会的相当性**が求められることになりました。さらに本判決は、雇止めを行わないことに対する労働者の期待や信頼が生じ、そのような相互関係のもとに労働契約関係が維持されてきた場合には、特段の事情が存しない限り、雇止めは**信義則**（**民法1条2項**）上、許されないとも判示しています。

　つまり、無期雇用契約と同様の状態に至った有期雇用契約社員には、解雇権濫用法理を類推して判断されるだけの保護事由があり、本来ならば、期間満了で契約終了となるところが、雇止めに関して客観的合理性と社会的相当性が存在しない限り、会社に帰責事由が認められ、それは信義則違反とも判断され、雇止めが無効になるということです。

❹ 日立メディコ事件最高裁判例

　もう一つのリーディングケースは、**日立メディコ事件**（**最判昭61.12.4**）です。本事

件では、期間2か月で採用され、その後5回にわたって契約更新された臨時工が、会社の業績不振に伴い雇止めとなった事案です。

最高裁は、本事件に関しては、「期間の定めのない労働契約が存在する場合と実質的に異ならない関係が生じたということもできない」としつつ、「雇用関係はある程度の継続が期待されていたものであり、上告人との間においても5回にわたり契約が更新されているのであるから、このような労働者を契約期間満了によつて雇止めするに当たつては、解雇に関する法理が類推される」としました。これは、東芝柳町工場事件判決が無期契約と実質的に異ならない状態を対象として打ち出した雇止め法理の射程範囲を、「**雇用継続への合理的期待**」が存在する場合にまで広げたものです。有期雇用契約社員に雇用継続の合理的期待があれば、それは雇止め法理を適用するだけの保護事由があるということです。

ただし、この判例では、雇止めが経営上の必要性によるものであれば、期間の定めのない社員（正社員）の整理解雇よりも有効性がゆるやかに判断され、正社員に対して希望退職募集をしないで臨時工の雇止めが行われてもやむをえない、としています。

2. 労働契約法と雇止め法理

労働契約法19条は、雇止めに関する判例法理の内容や適用範囲を変更することなく平成24年の労働契約法改正時に条文化されたものです。雇止め法理が適用され、契約更新がなされたのと同様の法律関係が成立する場合には、更新契約の「**申込**」と「**承諾**」がされたものと**みなす**（法律において「みなす」とは、本来そうでなくてもそのように取り扱い、反対の事実を証明しても覆せないということを意味します）という定めとなっています。

今回のケースのYの場合は、この労働契約法19条が適用されるかが問題となります。期間の定めのない労働契約と社会通念上同視できる状態にあれば労働契約法19条1項が、そうでなくても契約更新への期待に合理的理由がある場合は、労働契約法19条2項が適用され、X社の雇止めに客観的合理性と社会的相当性

124

がなければ、有期雇用契約は従前と同じ内容で更新されたことになります。

離職理由の変更を要求してくる社員への対応

事例 27

自己都合退職を予定している社員から、離職理由を会社都合による退職に変更してほしいと要求されています。この場合、会社としては変更要求に応じなければならないのでしょうか。

ANSWER

就業規則の規定

解説

離職理由の変更を要求してくる社員

1 離職理由の変更を要求してくる理由

離職理由の変更を要求してくる社員は少なくありませんが、その理由の多くは、雇用保険の基本手当の受給のためであると考えられます。雇用保険の基本手当は、自己都合退職や懲戒解雇等の重責解雇の場合には、3か月間の給付制限期間を設けています。

これに対して、普通解雇等の会社都合による離職や契約期間の満了の場合には、待期期間（7日間）が経過するとすぐに基本手当を受給できるようになり、そのため退職者としては離職理由が会社都合であるほうが、早くから基本手当を受給できることになるのです。

インターネットのホームページや書籍等のなかには、雇用保険の受給のために離職理由を変更することを勧めているものもありますが、そういった情報の影響もあって、離職理由の変更を求めてくるのかもしれません。

当然ですが、事実と異なることを申告し、基本手当等を受け取ることは、不正受給となります。その事実が発覚した場合、罰則が適用されることになります。

2 事実確認をすることが必要

ただし、事実と異なる場合は変更が必要です。

離職理由の変更は、事実を確認してから行いましょう。例えば、本当は会社都合の解雇であるのに、会社側から自己都合にするように強要されていることもあり、離職理由の変更を求めてくる可能性もあります。

このような場合は、離職理由の変更に応じないことはかえって違法になってしまいます。そのため、離職理由の変更を求められた場合は、会社側としても、最低限事実の確認は行うようにしたいものです。

3 事実と異なる離職理由の変更は断る

事実の確認を行ったうえで、その事実と異なる離職理由に変更することを要求してきた社員に対しては、はっきりと断ることが必要です。特に雇用保険の手当を受給するための変更はきっぱりと断らなければなりません。仮に事業主が親心を示して離職理由を変更したとすると、会社側も違法行為を認めたことになり、事業主も処分の対象となることもあるので注意が必要です。

事業主は事実に則って処理をし、事実をハローワークに報告する義務があるので、偽りの報告をしていれば、処分を受けても仕方がありません。

4 離職理由の変更に応じることの他の影響

離職理由の変更に安易に応じると、労務管理上も弊害があります。雇用保険を早く受け取るための離職理由の変更に応じると、残された社員もそういった不正行為でも認めてもらえる会社であると感じ、職場に規律がなくなってしまうことになります。

また、勤続年数が長いからとか、家庭の事情があるから等と人によって対応を変えていると規律がなくなるだけでなく、他の従業員に不公平感も生まれてしまいます。

事業主として従業員への配慮をすることは大切ですが、それは退職金等、会社側の判断で決められる部分で配慮するとよいでしょう。

5 トラブルになったときのために

　なお、離職理由の変更を求められたときのために、従業員から退職の申出が
あったときは必ず退職届を提出させるようにしましょう。口頭での退職の申出を受け
てしまうと後々トラブルになることがあります。退職届を提出していないことを利用して、
離職理由の変更を求められたり、自己都合退職であるのに会社都合であると主張
してくる者もいるからで、就業規則にも退職届の提出を義務づけ、必ず本人の自筆
の文書を残しておくことが重要です。

休職中の労働者と整理解雇に関する問題

事例 28

当社では、売上の伸び悩みから経営危機に陥り、業務縮小計画に従って、一つの事業部門を廃止することになりました。これに伴い、経営者会議で一定数の整理解雇もやむをえないとの判断に至り、このほど人選基準を設けて具体的な人選に入りました。

ところが、その過程で精神的疾患により1年間休職している労働者がその対象に選ばれてしまいました。しかし、本人はまったく知らないようで、社内からは病気で休職中の人を対象に選んだことについて、疑問がないわけではありません。会社としては、どのように対応したらよいでしょうか。

ANSWER

判例　整理解雇の四要素
CSFB セキュリティーズ・ジャパン・リミテッド事件・東京高判平18.12.26等
日本航空（パイロット等）事件・東京地判平24.3.29

解説　休職中の労働者と整理解雇

1 整理解雇とは

(1) 意義

　企業においては、経営不振から事業活動の縮小ないし合理化から生ずる余剰人員を整理する手法として、使用者が労働者との労働契約を一方的に解消するケースも少なくありません。こうした経営上の理由で行われる使用者の労働契約解消の意思表示を、一般的に「**整理解雇**」と呼んでいます。

　これは労働者の生活基盤に重大な影響をもたらすことから、裁判実務上、整理解雇が権利濫用にあたるかどうか等、さまざまな争いに発展することが多々あります。

⑵四つの要素

整理解雇については、「**解雇権濫用法理**」に照らして厳しく判断されます。具体的には以下に述べる四つの要件(整理解雇の4要件あるいは4要素)がみたされるか否かによって、その妥当性の有無が判断されることになります。判断の結果、企業の経営不振等を理由とする整理解雇についても、「客観的に合理的な理由を欠き、社会通念上相当であると認められない場合は、その権利を濫用したものとして、無効とする」(**労契法16条・解雇権濫用法理**)場合があるのです。

① 人員削減の必要性	人員削減の必要が企業に認められるか否か、企業経営として必要性が十分認められるかどうか
② 解雇回避努力	出向や配転等による方策、あるいは希望退職や一時帰休等の他の手段を講じたかどうか
③ 被解雇者選定の妥当性	恣意的な基準によるものではなく、客観的で合理的な基準に従い、公正性を保った人選が行われたかどうか
④ 被解雇者や労働組合との間の十分な協議	対象労働者あるいは労働組合に対して整理解雇の必要性や時期、方法等について説明し、誠実に協議したかどうか

実は、この整理解雇に関する四つの要件も、「保護事由と帰責事由のバランス」の観点から考えることができます(事例15参照)。

保護事由と帰責事由について簡単にいうと、「対立する当事者それぞれのプラス面とマイナス面」ということでした。

(A) 会社(使用者)側の保護事由(プラス面)

(B) 会社(使用者)側の帰責事由(マイナス面)

(C) 社員(労働者)側の保護事由(プラス面)

(D) 社員(労働者)側の帰責事由(マイナス面)

例えば、リーマン・ショックのような経済危機による、製造業の会社が整理解雇を行わなければならなくなったような場面を考えてみましょう。

整理解雇に関しては、会社の経営上の危機という、(A)会社(使用者)側の保護事由が存在します。しかし、その経営危機は経済危機によるものであり、(D)社員(労働者)側の帰責事由によるものとはいえません。つまり、整理解雇の場面では、保護事由と帰責事由は表裏一体の関係とはならないのです。通常の問題社員対策のような場合は、例えば飲酒運転による人身事故を起こしたようなケースでは、社員に帰責事由があれば、それがそのまま会社の保護事由(社員を懲戒処分できる理由)となります。

しかし、整理解雇の場合には、この表裏一体の関係がないため、先の(A)から(D)までの四つを一つ一つ検討し、そのバランスから、整理解雇の妥当性を判断しなければならないのです。

つまり、「整理解雇の4要件(あるいは4要素)」とは、保護事由と帰責事由のバランス調整の一つの表れなのです。

① 人員整理の必要性

会社がどうしても人員を整理しなければならない経営上の理由があることを意味します。これは、前述の(A)の保護事由が会社側にあるか否かの判断ということになります。先の例のような経営危機の場合には、人員整理の必要性という保護事由ありとされるでしょう。それに対して、単に業務効率化のための人員整理等という場合には保護事由ありとはいえません。このような場合に整理解雇を実行すれば、逆に会社側に(B)の帰責事由が認められ、不当解雇の責任を負うことになってしまうのです。

② 解雇回避努力義務の履行

早期退職者・希望退職者を募集したり、役員報酬をカットしたり、出向・配置転換等の対策を講じたり、一時帰休(レイオフ)を実施したりする等、整理解雇を回避するためにあらゆる努力を講じているかを問題にするということです。これもまた、それらの努力を積み重ねてきたことが(A)の保護事由となります。

③ 被解雇者選定の合理性

　解雇対象者の人選基準が評価者の主観に左右されるものではなく、合理的かつ公平であることを意味します。合理的かつ公平な基準によって被解雇者を選定していること自体は、(A)の保護事由ですが、会社が整理解雇をしなければならない際に対象者となる事由が労働者に存在した場合、それは(D)の帰責事由が存在する場合ともいえるでしょう。

④ 解雇手続の妥当性

　解雇の対象者および労働組合または労働者の過半数を代表する者と十分に協議し、整理解雇について納得を得るための努力を尽くしていることを意味します。解雇手続の妥当性もまた、(A)の保護事由が会社にあるかどうかを問う要件ということになります。

　四つの要件の内容は、いずれも会社側に保護事由があるか否かを問うものです。整理解雇という、従業員側に特に帰責事由があるわけではないケースにおいて解雇を可能にするには、会社側に相当程度に高度な保護事由がなければならず、そのために4要件という高いハードルが課されているのです。

　整理解雇の4要件については、四つの要件をすべて具備しなければ解雇は不可能とすべき(4要件説)なのか、四つの要件はあくまで要素であって、すべてを具備せずとも、総合的に整理解雇が是認しうるだけの状態にあるか否かを判断すべきとするもの(4要素説)とするかという二つの立場が存在します。なお、近時の判例で4要素説をとるものが登場し(**CSFBセキュリティーズ・ジャパン・リミテッド事件・東京高判平18.12.26等**)、学説でも4要素説が主流となりつつあります。

　この問題に関してもまた、保護事由と帰責事由という観点からみれば決着がつく事柄といえます。整理解雇の4要件は、いずれも整理解雇の妥当性を判断するうえで必要な考慮要素です。つまり、会社(使用者側)にどれだけの保護事由が存在するか、ということを判定するためのものです。したがって、四つの要件すべてではなくても、四つの要素を総合的に判断した際に、相当高度の保護事由が会社(使用者)側に存在するならば、私法上の契約関係のバランス調整としての整理解

雇を認めることは可能なはずです。よって、4要件の意義自体は変わりませんが、整理解雇の可否を判断する際は4要素説の考え方が妥当といえましょう。

　以下では、四つの要素のうち、今回のケースでは、③の「被解雇者選定の妥当性」についてさらに詳しく述べます。

2　被解雇者選定の妥当性

　被解雇者の選定に関しては、客観的な選定基準の設定に加え、当該基準の合理性が求められます。「何が合理的な基準か」は、個々の事案ごとに判断されますが、一般的には、懲戒処分歴や欠勤率、勤続年数、年齢等等、会社への貢献度に基づく基準等が考えられます。

　裁判例では、こうした基準により公正に選定が行われていれば、妥当と認められているものが多いです。

⑴病気休職中の労働者と被解雇者選定

　そこで、問題となるのは今回のケースでも指摘されているように、被解雇者の選定段階で、長期的な戦力になりえないとの理由により、病気で休職中の労働者を被解雇者に選ぶのは妥当といえるかどうかです。

　この点、会社更生法の適用下において行われた整理解雇の際に、整理解雇対象者の選定基準の一つとして「病気欠勤・休職等による基準」が用いられ、その適否が争われた**日本航空（パイロット等）事件（東京地判平24.3.29）**がその典型例として参考になります。

　裁判で争点となった、「病気欠勤・休職等による基準」は、同会社が作成し、組合側に提示したもので、この「基準」につき、東京地裁は、以下のように述べています。

> ①基準は、その該当性を客観的な数値により判断することができ、その判断に解雇者の恣意が入る余地がない基準であり、このような基準であるということ自体に、一定の合理性が担保されているということができる。

②過去に休職、病気欠勤、乗務制限（以下「休職・乗務制限等」という）があった者は、少なくともそれらの休職・乗務制限等があった期間、運航乗務員の本来の業務である運航業務に従事できず、または一定の制約下で従事していたのであるから、休職・乗務制限等がなかった者と相対的に比較すれば、過去の運航業務に対する貢献として劣る面があったといわざるを得ないし、将来の運航業務に対する貢献の想定に当たっても、相対的に劣る可能性があると判断することは不合理ではない。

多数の労働者の中から解雇対象者を選定するに当たって、過去に休職・乗務制限等がなかった者を休職・乗務制限等のあった者よりも相対的に優位に扱うことには合理性があるということができる。

⑵人選基準と合理性

　この裁判例では、現在休職中の労働者を整理解雇の対象者とすることも、人選基準自体が客観的であり、また、会社に対する貢献度という観点からみても、過去に休職等をしていない者を休職している者より優位に扱うことは、一定の合理性があるとされました。

　したがって、休職中の労働者を整理解雇の対象者とすることに、「病気欠勤・休職等による基準」等を用いたことは不合理ではないとしたのです。

　なお、同事件については、「本件解雇の過程において、整理解雇が信義則上許されないとする事情は認められない」として、パイロットらに対する解雇は有効とされました。

❸ 被解雇者に対する実務上の留意点

　前述のように判例では、休職者を対象とする整理解雇は客観的・合理的であり、有効とされていますが、実際に手続を進めるうえでは、会社側は、休職者に対し十分な配慮をすることが必要とされます。実務上の留意点を以下に述べておきます。

⑴十分な説明を行い、理解を求めること

長期にわたる休職者は、最近の会社の経営状況等会社情報については疎いのが通常です。整理解雇の対象者とする場合は、会社側は経営状況についての説明は当然のこと、人員削減の必要性等を丁寧に、かつ誠実に説明して、理解を求める必要があります。

⑵希望退職者募集は等しく行う

解雇回避努力の一環として、希望退職者の募集を行う場合は、休職者に対してもその募集要項や状況等について説明するようにします。

⑶あらかじめ基準を設け説明をする

「病気欠勤・休職等による基準」等があれば、その趣旨等を述べて、その基準に従って選ばれたこと等の説明を十分尽くします。

⑷個別説明の機会を設ける

病気による休職者は、会社側による労働者に対する説明会等に出席できず、また労働組合との協議内容についてもその結果を知る機会がほとんどないのが普通ですから、個別に対応して、整理解雇の計画、時期、規模等について説明する必要があります。

4 本ケースの場合

今回のケースの場合、判例では休職者を整理解雇の対象者として選ぶことは、選定基準が「一定の合理性が担保されている」限りにおいて、客観的・合理的とされ、不合理とはいえないとされています。

しかし、前述のように病気で休職中の労働者は、整理解雇に関する情報を入手することが困難を伴うケースが少なくないので、当該休職者が整理解雇の対象となっている場合は、特段の配慮が必要となります。

例えば、休職者の所属していた事業部門が業務縮小の対象となった場合には、人員削減の対象となるのもやむをえないとも判断されますが、整理解雇の対象となった休職者にとってはその後の経済的・精神的負担ははかりしれません。

このため、特に、経営状況に関する情報や整理解雇の内容等について、丁寧な説明をしたうえで理解を求める必要性があるのは当然のことで、個別に対応するのが好ましいといえましょう。

事例 29

段階的処分をふまないで行った解雇

Yは、会社の決済を得ずに勝手に値引きをした見積書を作成し、商品の注文を受注したりする等の独断専行が目立つうえに、業務日報を提出しなかったり、他の社員に対してまったく口を利かず業務上必要な連絡を怠る等の問題行動が多くありました。Yには再三注意を与えましたが、「ほっといてくれ」と発言する等、態度を改めようとはしませんでした。

最近Yが勝手に無料で多数のオプション品等を商品につけて販売していたことが、顧客の話から明らかになりました。しかも、社員によって、サービスの差が激しすぎる等という悪いうわさすら広まり始めました。

そこで職務上の義務に違背し重大な規律違反があったとして、会社就業規則に基づき今月末で普通解雇する旨通知しました。

これに対しYは通知を受けた場では沈黙したままでしたが、翌日、今月末までの有給休暇届を提出し、出勤しなくなりました。

そして有給期間終了後に、「会社が私に対して、今まで処分をしたことがありますか？ 軽い懲戒処分すら行われなかったうえに、弁明の機会も与えられないまま、いきなり解雇とは納得がいきません」として、解雇無効の訴訟も辞さないという内容の通知が送られてきました。会社としては、どのように対応すればよいでしょうか。

ANSWER

労働契約法	16条
判例	南淡漁業協同組合事件・大阪高判平24.4.18

137

段階的処分をふまないで行った解雇

解 説

1 解雇権濫用法理

　解雇に関する問題を考える場合には、①解雇の**客観的合理性**（解雇事由該当性）と、②解雇の**社会的相当性**という2段階の考慮を要します（事例1）。労働契約法に「解雇は、客観的に合理的な理由を欠き、社会通念上相当であると認められない場合は、その権利を濫用したものとして、無効とする」（**労契法16条**）とあるのは、判例法理が客観的合理性と社会的相当性を解雇の要件としてきた（**解雇権濫用の法理**）内容を、明文化したものです。

　このケースを解雇権濫用法理に加えて、**保護事由と帰責事由**の観点からみてみましょう。

　保護事由と帰責事由について考えるときには、「対立する当事者それぞれのプラス面とマイナス面」を検討することになります。

　(A) 会社（使用者）側の保護事由（プラス面）

　(B) 会社（使用者）側の帰責事由（マイナス面）

　(C) 社員（労働者）側の保護事由（プラス面）

　(D) 社員（労働者）側の帰責事由（マイナス面）

　これを分類するとこのようになります。四つもあると複雑なようにもみえますが、労使トラブルの場面では、通常、保護事由と帰責事由は表裏一体の関係になるため、四つのパターンとなります。

　例えば、解雇という社員の地位そのものに関わるような処分の場合には、(A)会社側の保護事由としては、どうしても解雇しなければならない理由が会社に存在することが求められます。解雇も懲戒処分の一つなのですが、懲戒処分を行う根拠は、究極的には「**企業秩序の維持**」にあります。その社員を解雇しなければ企業秩序が保てないという事由が会社側にあることが保護事由となるのです。

では、どのような場合に、解雇しなければ企業秩序が保てない理由があるのでしょうか。例えばその社員が飲酒運転で歩行者を死亡させる事故を起こしたといった場合が考えられるでしょう。この場合、(D)社員側の帰責事由がそのまま、(A)会社側の保護事由になります。飲酒運転による人身事故のような場合には、その社員が企業秩序を乱したという帰責事由は大きく、それによって会社側の企業秩序維持のための解雇の必要性という保護事由も大きくなるのです。この関係は、解雇まではいかない各種の懲戒事案の場合でも、同様です。懲戒に値するだけの帰責事由がある行動を社員が行ったならば、それは同時に、会社が懲戒処分を行うことで企業秩序を保つだけの保護事由があるということに通常はなります。

2 本ケースの場合の具体的検討

解雇権濫用法理の求める要件は、①解雇の**客観的合理性**(解雇事由該当性)と、②解雇の**社会的相当性**です。

①の解雇事由該当性に関しては、解雇の事由は、就業規則に規定される必要があります(**労基法89条3号**)。今回のケースの場合は、会社就業規則に基づいた解雇とあるので、解雇を基礎づける規定が存在するとして考えます。

②の社会的相当性に関しては、Yは勝手な値引き、業務日報の不提出、他の社員との連絡拒否等、それぞれが通常就業規則に定められる懲戒事由に該当するレベルの問題行動を繰り返していました。この段階ですでに、Yには会社から処分を受けるだけの帰責事由がかなり認められます。そしてさらに、オプション品を多数無断でつけて商品を販売するという、業務上横領あるいは窃盗罪にも該当するような行為まで行っています。その点をあわせ考えると、Yには高度の帰責事由が認められるケースといえるでしょう。

では反対に、Yに何らかの保護事由が存在するかといえば、それを裏づける事情はありません。仮に、Yがトップセールスとして会社の売上に貢献していたとしても、それは過度な値引きや無断でオプションをつけていたことに起因する可能性が高く、Yに有利な材料とはならないでしょう。むしろ、オプション品に対して、社員ごとに

サービス内容に格段の差があるといううわさが広まり、会社の信用を害することになっています。

　一方、会社のほうはどうでしょうか。もちろん、問題行動を繰り返す社員に対して処分を加えなければならないという意味で、保護事由は存在します。これは前述したように、社員（労働者）の帰責事由と会社（使用者）の保護事由が表裏一体の関係にあることが多いということの表れです。それでは、帰責事由のほうはどうでしょうか。Yが主張するように、解雇の際には段階的処分や**弁明の機会**という手続的保障を与えるべきです。その点、段階的処分がなかったことに関しては、会社にも帰責事由があるといえるでしょう。しかし、弁明の機会を与えなかったことに関しては、有給休暇届が出されたことを考えると、会社に帰責事由があるかどうか判断が難しいところです。ただし、仮に弁明の機会を与えなかったことに関して帰責事由ありとしても、それら会社側の帰責事由は、Yの帰責事由に比べて圧倒的に軽いものといえます。

　Y側に高度の帰責事由があり、それが懲戒解雇事由にも該当するようなものであったという今回のケースについて、普通解雇処分としたことは保護事由と帰責事由のバランスの観点からみて相当性を欠くものではなく、解雇は有効と考えるべきでしょう。

　裁判例でも、預金の無断振替等の規律違反や勤務態度を改めないことから解雇された職員が地位確認を求めたケースである**南淡漁業協同組合事件**（大阪高判平**24.4.18**）でも、社員に**高度の帰責事由**があることを理由として、**段階的処分なしに行われた解雇を有効**としました。

　ただし、このような判例があるからといって、段階的処分をせずに解雇とするようなことは厳に慎むべきです。解雇に関する社会的相当性の判断は、①解雇事由の軽重のレベル、②労働者の悔悟、反省、謝罪等の有無、③合意退職、配置転換等、解雇を回避する方策の存否等を総合的に考慮して決せられる（**東京地判平24.8.23・ライトスタッフ事件**）ものであり、③の解雇を回避する方策として、注意・指導、処分という段階をふむことは当然求められるからです。

社員がトラブルを起こした際に適宜指導をしていれば、その社員に以後の改善がみられるかもしれず、改善されれば解雇に至るようなトラブルを引き起こすことはなかったと、司法の場で判断されるようなリスクをあえて冒すことのないように注意してください。

③ 弁明の機会

前述の「**弁明の機会**」というのもまた、労働法だけではその重要性が理解できない概念です。

憲法31条には「何人も、法律の定める手続によらなければ、その生命若しくは自由を奪はれ、又はその他の刑罰を科せられない」とあります。この条文が、前にも紹介した「**適正手続(デュープロセス)の保障**」です(事例11参照)。この条文もまた、労使トラブルを解決するために必須の知識となります。憲法は不利益な処分をする際には、その実体(中身)や手続が法定されていることを求めています。

この「適正手続の保障」という考え方から、犯罪や刑罰はあらかじめ成文の法律で法定されていなければならないという考え方が導かれ、これを「**罪刑法定主義**」といいます(事例15参照)。刑法や刑事訴訟法はその具体的な成文の法律です。また、**刑罰法規**である**労働基準法**もこの一つであり、適正手続の保障や罪刑法定主義の原則に拘束されることになります。解雇の事由を就業規則に定めなければならないとした労働基準法89条3号は、まさに罪刑法定主義の表れなのです。ここにも、「労働法だけでは労使トラブルが解決できない」ことの表れがあります。

そして、就業規則に定めただけでは、適正手続の保障として十分ではないことにも注意を要します。**手続だけでなく、実体(中身)も適正でなければならないのは**もちろんですが、さらに処分を下す際には「**告知と聴聞**」の機会を与えられてはじめて適正な手続があったとされます。この「告知と聴聞」の機会こそが、「**弁明の機会**」のことを意味します。

労使トラブル対策のためには、従業員の帰責事由となる事実を会社が適切に把握することが第一歩となります。そして、その帰責事由を把握したら、従業員に対

し弁明の機会を与え、そのうえで、指導をし、注意をします。指導や注意をしたの
にもかかわらず問題行動を行った場合、あるいは注意や指導をする暇もなく、問題
行動を行った場合には、就業規則に定める懲戒処分を行いましょう。このように段
階的処分の積み重ねを怠ると、それは労働法だけでなく、憲法の精神にも背く、
会社側の帰責事由となってしまうので注意が必要です。

賞与支払に関する問題

事例 30

当社（X社）では、賞与は7月と12月に支給しています。この度、一身上の都合で、11月30日に退職した従業員Yがいます。就業規則で「支給日に在籍していない者には賞与は支給しない」と定めているので、Yには賞与を支払わなかったところ、賞与の評価対象期間は7月1日から11月30日となっており、その間は勤めているので、賞与が支払われないのはおかしいとYはいってきました。当社はYに賞与を支払わなければならないのでしょうか。

ANSWER

判例 大和銀行事件・最判昭57.10.7

須賀工業事件・東京地判平12.2.14

解説

退職後に賞与を請求してくる社員

1 賞与とは

賞与は、就業規則や労働契約で支給基準を定めていれば、労働基準法上の賃金に該当します。しかし、賞与は法律上当然に使用者が支払義務を負うものではなく、就業規則等により支給基準が定められている場合、確立した労働慣行によりこれと同様の合意が成立していると認められる場合等に、労働契約上支払義務を負うものです。

2 賞与の支給日に在籍しない者の扱い

賞与に関して1番問題になるのは、評価対象期間の全期間を勤務したにもかかわらず、**支給日前に退職した者に賞与を支給しないという取扱い（支給日在籍条項）**が有効なのかという点です。

賞与が労働基準法上の賃金だとすると、労働基準法24条の「賃金の全額払い

143

の原則」に反するのではないかとの疑問も生じますが、判例では、支給日在籍条項の定めを合理的なものと認める（**大和銀行事件・最判昭57.10.7**）とされる等、支給日在籍要件を認めるケースが多く、支給日に労働者が退職している場合には賞与を支給しなくても有効とするのが一般的です。

　しかし、こうした支給日在籍条項については、労働者本人が退職日を選択することができない定年や人員整理等の会社都合による退職の場合には、不利益を被ることがあるので適用せず、労働者が退職日を自由に選択できる自発的退職者についてのみ有効とする説もあります。

　したがって、支給日在籍条項は、労働者の自発的退職の場合だけに合理性があるとするのが、法的には妥当といえるでしょう。

　また、支給日在籍条項でいう「**支給日**」とは賞与の支給予定日であり、支給が遅れたり、あるいは使用者が故意に支給を遅らせたりした場合には、仮に実際の支給日前に退職したとしても、支給予定日に在籍していれば賞与を受け取る権利はあるものと考えられています（**須賀工業事件・東京地判平12.2.14**）。

３ 就業規則に規定するうえでの問題点

　賞与は賃金としての側面も持ちますが、前述したように必ず支給しなければならないものではなく、支給額、支給日、支給方法、支給対象者等、原則として会社が自由に決めることができるものです。つまり、会社の方針を反映しやすいものです。

　しかし、それは同時に、労使の思惑の違いによりトラブルが起きやすいことも意味します。

　そのため、賞与はなぜ支給するのかという賞与支給の趣旨を就業規則上にはっきりと明記しておくことが大切です。例えば就業規則上に、「**将来の労働への意欲を向上させる**」という趣旨が明記されていれば、退職が決まっている従業員に対して賞与を減額することも認められるでしょう。

　また、賞与は支給することが法律上定められているものではないので、会社側で自由に支給方法を決めることもできます。

今回のケースのように支給日に在籍しない者に支給したくないのであれば、「賞与は○月○日に在籍している者に支給する」、「賞与は現実に支給される日に在籍している者に対して支給する」というような支給日在籍条項の定めをおくとよいでしょう。

4 関連判例

(1) 大和銀行事件（最判昭57.10.7）

【事例】賞与の支給日以前に退職した上告人が賞与の支払を受けなかったため、支給される賞与の対象期間を勤務したとしてその支払を求めた事例です。

【判旨】原審の適法に確定したところによれば、被上告銀行においては、本件就業規則32条の改訂前から年2回の決算期の中間時点を支給日と定めて当該支給日に在籍している者に対してのみ右決算期間を対象とする賞与が支給されるという慣行が存在し、右規則32条の改訂は単に被上告銀行の従業員組合の要請によって右慣行を明文化したにとどまるものであって、その内容においても合理性を有するというのであり、右事実関係のもとにおいては、上告人は、被上告銀行を退職したのちである昭和54年6月15日および同年12月10日を支給日とする各賞与については受給権を有しないとした原審の判断は、結局正当として是認することができるとされました。

(2) 須賀工業事件（東京地判平12.2.14）

【事案】賞与支給時期の予定日には在籍していたが、実際に賞与が支給された日には退職していて賞与が支給されなかった労働者が、支給日在籍用件を定めた賃金規則等は無効であるとして賞与及び遅延損害金の支払を求めた事件です。判決は、支給日要件を定めた賃金規則等は無効であるとし、賞与および遅延損害金の支払を認められました。

【判旨】本来の賞与支給予定日に在籍した従業員が、賞与の支給が遅れ、実際に賞与が支給された日にはすでに退職していたため賞与が支給されなかったことについて、支給日在籍要件は不合理であるとは一概にいえないが、賞与の支給対象者を内規によって定めた賞与支給予定日に在籍する従業員ではなく、現実に賞与が

支給された日に在籍する従業員とするのは賞与請求権の取得者の地位を著しく不安定にするもので合理性があるとはいいがたいとしました。

退職社員の退職理由や連絡先に関する問題

事例 31

　先日、入社して5年目の営業マンが突然退社の意向を伝えてきました。会社としてはちょうど繁忙期にあたり、また、その営業マンも働き盛りの優秀な人材なので、強く慰留をしたのですが、本人の決意は固くやむをえず了承しました。ところが、これをきっかけに、当社の営業マンが相次いで退職を願い出てきました。一度に辞められると経営へのダメージは避けられず、困惑しています。そこで、退職予定者の退職の理由を細かく訊こうと思いますが、問題があるでしょうか。

　また、得意先から、退職した営業マンの連絡先を尋ねられました。個人情報に属することになると思うのですが、教えても問題ないでしょうか。

ANSWER

民法	627条1項・628条・540条2項・709条

（期間の定めのない雇用の解約の申入れ）

第627条

1　当事者が雇用の期間を定めなかったときは、各当事者は、いつでも解約の申入れをすることができる。この場合において、雇用は、解約の申入れの日から2週間を経過することによって終了する。

（やむを得ない事由による雇用の解除）

第628条　当事者が雇用の期間を定めた場合であっても、やむを得ない事由があるときは、各当事者は、直ちに契約の解除をすることができる。この場合において、その事由が当事者の一方の過失によって生じたものであるときは、相手方に対して損害賠償の責任を負う。

（解除権の行使）

第540条　契約又は法律の規定により当事者の一方が解除権を有するときは、

その解除は、相手方に対する意思表示によってする。

2　前項の意思表示は、撤回することができない。

（不法行為による損害賠償）

第709条　故意又は過失によって他人の権利又は法律上保護される利益を侵害した者は、これによって生じた損害を賠償する責任を負う。

退職社員の退職理由聴取と顧客への連絡先通知の問題性

解 説

1 今回のケースへの対処

　期間の定めのない労働契約における退職、辞職の場合は、退職理由を細かく尋ねることは極力、控えたほうが無難でしょう。しかし、依願退職といった合意解約の場合は、退職理由を細かく尋ねることも許されるかと考えられます。いずれにしても、退職理由を尋ねる場合はあらかじめ、その理由とあくまで任意である旨をあらかじめ伝えておくことが大切です。

　退職者の了解を得ることなく、住所や電話番号、メールアドレス等を勝手に教えることは、個人情報の第三者への開示にあたり、不法行為に該当する可能性もあります。裁判例では、従業員に関する情報を顧客に漏洩した事業者が慰謝料を払わせられたケースもあるので、できることなら控えたほうがよいでしょう。

　近時は、どちらのケースも、個人情報の保護との関係で多くの企業で見受けられる深刻な問題となっています。そこで、1番目の問題である退職理由を訊くことの問題性の有無と、2番目の定年退職者の個人情報を教えることの問題性の有無とに分けて、以下で説明することにします。

2 退職理由を細かく訊くことの問題性の有無

　退職予定者に退職理由を詳細に訊くことができるか否かは、退職の法的性格と大きく関わっている問題です。退職とはどのような法的性格を有するのかをみてみま

しょう。

⑴退職の法的性格

労働者が、自らの意思によって退職する場合、「辞職」と「合意退職」とに法的性格を大別できます。

① 「辞職」

辞職とは、労働者からの一方的な意思表示によって、労働契約を解約することをいいます（民法627条1項、628条）。

辞職の意思表示の場合、労働者の意思表示が使用者に到達した時点で効力が生じ、撤回することができないと解されていますから（民法540条2項）、期間の定めのない労働契約においては、原則として辞職の意思表示をしてから2週間を経過すれば、退職の効果が生じることになります。

一方、期間の定めがある労働契約の辞職については、労働者側に、「やむを得ない事由があるとき」に、ただちに労働契約を解約することができるにとどまります（民法628条）。

② 「合意退職」

合意退職とは一般に、労働者からの解約の申出（退職の意思表示）に基づき、労働者と使用者が合意によって、労働契約を解除することをいいます。退職の意思表示は、通常は書面をもって行われます。しかし、「退職願」や「退職届」であったり、「辞職届」や「辞職願」であったりして、その意思表示が「辞職」にあるのか、「合意退職」にあるのかが判然としない場合があります。

事実、実務においても、辞職か合意退職かの判断が難しいケースが多々見受けられ、トラブルに発展することも少なくありません。そのため、労働者が退職の意思を表示した場合、その退職の意思表示は、会社の承諾なく、一方的に辞めたいという辞職なのか、会社と協議のうえ会社の承諾をもって辞めたいという「合意退職」なのかについて、明らかにしておくことが必要です。

⑵退職理由を聴取することの可否

退職の法的性格から判断して、以下のように、それぞれ異なった対応を考える

必要があります。

① 期間の定めがない場合の辞職

　期間の定めがない労働契約においては、労働者が一方的に退職の意思表示を
する（辞職）場合、労働者はいつでも解約の申入をすることができる以上、労働者
は理由を申し出ることなく退職できることになります。つまり、期間の定めがない労働
契約における辞職については、会社を辞める理由を詳しく問いただす合理的理由
を見出すことは困難であり、退職理由について細かく訊くことは、控えたほうがよい
といえます。

② 期間の定めのある場合の辞職

　一方、期間の定めがある労働契約における辞職については、「やむを得ない事
由がある」といえるか否かを把握する必要があります。よって、退職理由を細かく訊
き出す合理的理由があると判断されるケースが多いです。このため、①の場合とは
反対に、期間の定めがある労働契約における辞職については、退職理由を尋ねる
ことは基本的には可能といえます。

③ 合意退職の場合

　合意退職の場合は、会社が労働者の退職を承諾するか否かを判断する必要が
あります。よって、承諾に必要な判断資料等を要します。このため、退職理由を細
かく訊くことは合理的理由があると考えられます。したがって、合意退職においては、
退職理由等を細かく尋ねることは可能と判断されます。

(3)退職理由の聴取と強制労働の禁止

　ここで問題となるのは、たとえ退職理由を細かく訊くことが可能であるとしても、そ
うした行為は労働基準法5条が定める強制労働の禁止規定に反することにならない
かという点です。

　退職理由を詳細に回答しなければ退職を認めないというのであれば、それは精
神または身体の自由を拘束するものであり、強制労働を禁じた労働基準法5条に抵
触するのではないかという疑念です。では、その労働基準法5条は何を意味してい
るのでしょうか。まずその意義について触れておきましょう。

① 「精神又は身体の自由を拘束する手段」とは

「精神又は身体の自由を拘束する手段」とは、精神の作用または身体の行動が何らかの形で妨げられる状態を生じさせる方法を指します。

② 「不当」とは

「不当」とは、「本条の目的に照らしかつ個々の場合において、具体的にその諸条件をも考慮し、社会通念上是認し難い程度の手段である。したがって、必ずしも『不法』なもののみに限られ」ないと解釈されています（昭63.3.14基発150号）。

③ 「意思に反して労働を強制」とは

「労働を強制」とは、必ずしも労働者が現実に労働することを必要とはせず、意思を抑圧して労働を強制したものであれば、その段階で本条違反となります（昭23.3.2基発381号）。

したがって、こうした点から判断すれば、退職理由を細かく訊いたことが精神的作用を妨げられる状態を生じさせたとして、強制労働の禁止に抵触すると判断される可能性を否定することができません。

例えば、退職理由を細かく尋ね、「退職理由を事細かに説明しないと退職を認めない」等という行為は、退職理由の説明を事実上強制することになります。これは、強制労働の禁止の条項に反する可能性があります。

退職理由を訊き出す際は、こうした規制のあることをふまえ、「退職理由はあくまで任意に答えてもらうもので、答えたくない場合は答えなくてもよい」と、あらかじめ伝えておくとよいでしょう。

③ 退職者の個人情報を教えることの問題性の有無

ここでは、退職した労働者の電話番号やメールアドレス等を教えることが、個人情報保護との関係で問題があるか否か、つまり、これらの情報が「雇用関係に関連する個人情報」にあたり、法的に保護の対象となるかどうかの判断が求められます。

⑴保護の対象となる「個人情報」とは

　雇用関係に関連する個人情報の保護については、個人情報の保護に関する法律8条に基づいて策定された「雇用管理分野における個人情報保護に関するガイドライン」(平24.5.14厚労告357号、以下「ガイドライン」)に詳しく定められています。

① 病歴、収入、家族関係等労働者個人に関するすべての情報

　保護の対象となる「雇用管理に関する個人情報」とは、事業者が労働者等の雇用管理のために収集、保管、利用等する個人情報(生存する個人に関する情報であって、特定の個人を識別することができるもの＝他の情報と容易に照合することができ、それにより特定の個人を識別することができるものを含みます)をいい、その限りにおいて、病歴、収入、家族関係等の機微に触れる情報を含む労働者個人に関するすべての情報が該当するとされています。

　したがって、質問で問題となっている電話番号やメールアドレスも、氏名と組み合わされることにより、「雇用管理に関する個人情報」にあたり、保護の対象となります。

② 対象となる「労働者等」

　また、「労働者等」とは、事業者に使用されている労働基準法9条に規定する労働者、当該労働者になろうとする者、およびなろうとした者、ならびに過去において当該事業者に使用されていた者が該当します。つまり、退職した労働者もこれに含まれることになります。

⑵第三者への個人情報開示

　そこで、問題となるのは、これらの個人情報を本人の了解等を得ることなく、無断で第三者に開示・提供した場合、情報の開示・提供者は、個人情報にかかる法的利益や個人のプライバシー権を侵害することにならないかどうかということです。

① 判例の立場

　この点につき、新日本交通事件(大阪地裁・平21.10.16)では、タクシー会社の事業者が、顧客から乗車拒否のクレームを受けた運転手の携帯電話の番号を、同運転手の同意もなく勝手に顧客の求めに応じて教えたため、同運転手が顧客から

執拗なクレーム電話をかけられ、精神的苦痛を受けたとして、会社に対し民法709条に基づく慰謝料を請求した事案ですが、裁判所は、「会社は、原則として、業務上知り得た従業員の個人情報について、みだりに第三者に提供することは許されない。従業員の個人情報を第三者に開示・提供するにあたっては、少なくとも当該運転手の同意を得る必要があると解するのが相当である」と判示し、会社の無断で第三者に個人情報を提供するかかる行為は、個人情報にかかる法的利益ないしプライバシー権を侵害する不法行為であるとして、会社に対し慰謝料として30万円の支払を命じました。

② 第三者への情報開示とガイドライン

　第三者への情報開示については、「ガイドライン」においても厳しく規制されています。個人情報データベース等を構成する雇用管理に関する情報である個人データについて、「事業者は、あらかじめ本人の同意を得ないで、個人データを第三者に提供してはならない」との原則を定めており、同意を得ずに提供することができる例外的な場合を、「法令に基づく場合や、生命・身体または財産の保護のために必要がある場合で、本人の同意を得ることが困難である場合であるとき」等に限定しています。

4 質問の場合

　質問の場合、会社は、退職した労働者本人の連絡先を把握しているため、連絡をとろうと思えばとれるといえます。つまり、開示について本人から同意を得ることは不可能であるとはいいがたい状況です。また、本人の同意を得ずに開示することが正当化される事情にあるとも認められないといえます。したがって、顧客等に電話番号やメールアドレス等の個人情報を教えることは、不法行為にあたります。会社としては、控えるべきでしょう。

第4章 高齢の従業員に関するトラブル

定年後再雇用に関する問題

事例 32

当社（X社）では、60歳の定年後に、1年更新で最長66歳まで再雇用する制度を導入しています。今年定年を迎える社員Yが、「再雇用期間が5年を超えたら無期契約になると聞いたんだけど、そうすると俺も動けるうちは雇ってもらえるんだよな？」といってきており、対応に困っています。無期転換されるのはまだ先のこととはいえ、80歳、90歳になるまでYを雇うつもりもありません。第二定年等を設けたほうがよいのでしょうか。

ANSWER

民法 627条・628条

（期間の定めのない雇用の解約の申入れ）

第627条 当事者が雇用の期間を定めなかったときは、各当事者は、いつでも解約の申入れをすることができる。この場合において、雇用は、解約の申入れの日から2週間を経過することによって終了する。

2 期間によって報酬を定めた場合には、解約の申入れは、次期以後についてすることができる。ただし、その解約の申入れは、当期の前半にしなければならない。

3 6箇月以上の期間によって報酬を定めた場合には、前項の解約の申入れは、3箇月前にしなければならない。

（やむを得ない事由による雇用の解除）

第628条 当事者が雇用の期間を定めた場合であっても、やむを得ない事由があるときは、各当事者は、直ちに契約の解除をすることができる。この場合において、その事由が当事者の一方の過失によって生じたものであるときは、相手方に対して損害賠償の責任を負う。

第4章　高齢の従業員に関するトラブル

解説

再雇用後の無期雇用を要求してくる社員

1 無期労働契約への転換

　平成24年8月の労働契約法の改正により、同一の使用者との間で**有期労働契約が通算して5年**（平成25年4月1日以降に締結されたものに限ります）を超えて反復更新された場合、労働者の申込により、**無期労働契約に転換**する制度が導入されました（**労契法18条**）。

　改正労働契約法18条の規定の適用について、年齢による対象制限等は設けられていないため、**定年後の再雇用者**についても無期転換申込権が発生する可能性があります。

　一般的には、定年年齢を60歳、再雇用の上限を65歳としている会社が多いことから、無期転換申込権の発生要件である通算契約期間が「5年を超える」といったケースはあまり生じないとも思えますが、再雇用の上限が65歳を超える場合等は、定年後の再雇用者にも無期転換申込権が発生することになります。

2 無期転換申込権発生の回避措置

　定年後の再雇用者に無期転換申込権が発生することを回避するためには、そもそも定年後の有期雇用契約期間が通算で5年を超えないように工夫すればよいのです。例えば、満60歳の誕生日を定年退職日とし、再雇用契約の初日を満60歳の誕生日の翌日、再雇用契約の終了日を満65歳の誕生日とすれば、通算契約期間が5年を超えることはありません。つまり、無期転換申込権は発生しないということになります。

　一方、定年後の再雇用者の無期転換対策として、「**第二定年**」制度も提唱されています。第二定年制度は、無期転換者が一定の年齢に達した場合に定年退職とする制度です。問題となるのは、第二定年制度を導入する必要性があるかどうかという点です。

157

3 民法上の規定

　カギとなるのは、民法における規定です。「有期雇用」や「無期雇用」という言葉は、最近出てきた言葉であり、民法628条において「有期雇用」は、「雇用の期間を定めた場合」と表現されています。そして、「雇用の期間を定めた場合」には、「やむを得ない事由があるとき」は、契約の解除をすることができるとされています。

　そしてその、「やむを得ない事由がないとき」の取扱いについては、労働契約法17条1項で、「使用者は、期間の定めのある労働契約（以下「有期労働契約」という。）について、やむを得ない事由がある場合でなければ、その契約期間が満了するまでの間において、労働者を解雇することができない」と規定されています。

　すなわち、有期雇用者については、原則として期間満了までは雇用する必要があり、やむをえない事由があるときに限り、契約期間途中で契約を解除することができるのです。

　一方で、無期雇用の場合についてはどうでしょうか。この点については、民法627条1項に規定されています。それによれば、無期雇用の場合については、各当事者は「いつでも」解約の申入をすることができます。すなわち、権利の濫用となる場合はともかく、使用者は「いつでも」無期転換者との雇用契約を解除することができるのです。

4 無期契約のほうが、契約を解除しやすい

　第二定年制度の趣旨は、退職時のトラブルを避け、会社のルールとして、定年による自然退職というかたちで雇用契約を解除することにあります。背景には、定年後の再雇用者を80歳、90歳になっても雇い続けるのには無理があることから、高齢者の無期雇用を嫌い、早い段階で定年というかたちで雇用を打ち切りたいという使用者側の思惑があるのでしょう。

　しかしながら、民法の規定をみれば明らかなように、雇用期間の定めがない場合、すなわち無期雇用の場合には、いつでも雇用契約を解除することができるのです。したがって、原則として期間満了までは解雇できない有期雇用者と比較して、

無期雇用者の身分はかえって不安定になるのです。

　無期雇用というと、どうしてもいつまでも雇い続けなければならないと考えがちな経営者も少なくないですが、65歳を超えた労働者については、身体的能力や業務遂行能力が著しく劣化することが想定され、通常業務が行えなくなれば退職という手続をとることになるでしょう。

　そうすると、第二定年制度を必ずしも導入する必要はなく、どの程度の基準で業務を遂行することを期待するのか、また、契約を解除する基準は何かを決定することが有効な対策となります。つまり、無期雇用に切り替えたほうが、有期契約よりもかえって契約を解除しやすいともいえるのです。

事例 33

定年前に正社員からパートに なった社員の雇止め問題

昨年、親の介護をするために正社員から週3日勤務のパートタイマーへと雇用形態をかえた59歳の社員がいるのですが、その社員との契約更新をめぐってトラブルになっています。当初、本人は期間の定めのない雇用契約を希望していたのですが、当社の非正規社員はすべて有期雇用契約で採用していたため、いったん退職というかたちをとってもらった後に1年契約のパートタイマーとして再雇用しました。その社員には従前の業務を引続き行ってもらっていましたが、ここ3か月ほどで急激に業績が悪化したため、数々の対策を講じたものの人件費を削減する必要が出てきました。そこで、その社員との契約を更新しない旨を伝えたのですが、定年までの雇用はもちろんのこと、再雇用の上限年齢である65歳まで雇ってもらえるものと思ってパートタイム契約を締結したと主張し、雇止めは不当なものであるから受け入れられないと通告されました。この社員との契約を更新しないことは不当な雇止めにあたるのでしょうか。

ANSWER

労働契約法 19条

（有期労働契約の更新等）

第19条　有期労働契約であって、次の各号のいずれかに該当するものの契約期間が満了する日までの間に労働者が当該有期労働契約の更新の申込みをした場合又は当該契約期間の満了後遅滞なく有期労働契約の締結の申込みをした場合であって、使用者が当該申込みを拒絶することが、客観的に合理的な理由を欠き、社会通念上相当であると認められないときは、使用者は、従前の有期労働契約の内容である労働条件と同一の労働条件で当該申込みを承諾したものとみなす。

1　当該有期労働契約が過去に反復して更新されたことがあるものであって、

その契約期間の満了時に当該有期労働契約を更新しないことにより当該有期労働契約を終了させることが、期間の定めのない労働契約を締結している労働者に解雇の意思表示をすることにより当該期間の定めのない労働契約を終了させることと社会通念上同視できると認められること。

2　当該労働者において当該有期労働契約の契約期間の満了時に当該有期労働契約が更新されるものと期待することについて合理的な理由があるものであると認められること。

判例

定年前に正社員からパートタイマーとなった社員を雇止めできるか

解説

1 雇止めが問題となる場合

　今回のケースでは、前にも登場した雇止め法理に関する問題と、定年に関する問題が同時に登場します。まずは、雇止めに関する論点をもう一度学んでおきましょう。

　有期雇用契約を締結している社員に対して、期間満了をもって契約を更新しないこととするいわゆる「雇止め」は、合理的な理由をもってなされていれば原則として有効となります。

　しかしながら、次の①、②のいずれかに該当する場合には、**雇止め法理**が適用されることになり、雇止めは認められません（**労契法19条**）。

①過去に反復更新された有期労働契約で、その雇止めが無期労働契約の解雇と社会通念上同視できると認められるもの（東芝柳町工場事件・最判昭49.7.22）

②労働者において、有期労働契約の契約期間の満了時に当該有期労働契約が更新されるものと期待することについて合理的な理由があると認められる

もの（日立メディコ事件・最判昭61.12.4）

　今回のケースは、有期雇用契約を締結してから1年後の事案であり、前述①の
「過去に反復更新された有期労働契約」にはあたりません。したがって、前述②の
「有期労働契約が更新されるものと期待することについて合理的な理由がある」か
どうかが焦点となります。

② 雇用関係が継続されるものと期待することに合理性が認められる場合

　労働契約法19条2号は、有期労働契約の期間満了後も雇用関係が継続される
ものと期待することに合理性が認められる場合には、**解雇権濫用法理の類推適用**
がなされるとした**日立メディコ事件**（**最判昭61.12.4**）の要件を規定したものです。労
使トラブルを予防・解決する際には、判例法理の理解が重要であることは、以前
にも強調したところです。

　そして、この要件に該当する場合に、使用者が雇止めすることが、「客観的に
合理的な理由を欠き、社会通念上相当であると認められないとき」、つまり解雇権
の濫用となるときは、雇止めが認められず、従前と同一の労働条件で有期労働契
約が更新されることになります。

　この事件では、当初20日間の期間で臨時工として雇われ、その後期間2か月の
労働契約を5回にわたり更新していたことにつき、「このような労働者を契約期間満
了によって雇止めにするに当たっては、解雇に関する法理が類推され」るとの判断
が示されています。

　それでは、今回のケースのように、定年前にパートタイマーへと雇用形態を変更
し、その後1年間の雇用をもって契約更新をしないとする場合に、解雇権濫用法理
が類推適用される余地はあるのでしょうか。

　この点につき参考となるのが、**医療法人清恵会事件**（**大阪地判平24.11.16**）です。
この事件は、定年前に正社員から1年契約のパートタイマーとなった労働者につき、
雇用形態を変更してから1年後に雇止めとした事案です。

この事件では、①原告が長年正社員として勤務していたこと、②再雇用契約が、人件費を抑制したい会社側と親の介護が必要な労働者側との双方の事情から締結されたものであること、③契約更新が行われることを前提とする文言が入った再雇用契約書を交わしていること、④前後で業務の質に大きな違いがないこと等から、「本件再雇用契約は、単に、簡易な採用手続により、1年間の有期雇用契約に基づいて補助的業務を行う従業員を新規に採用するような場合とは全く異なり、長年にわたって期間の定めのない雇用契約に基づいて基幹業務を担当していた原告と使用者たる被告との間で、双方の事情から、期間の定めのない雇用契約を一旦終了させ、引き続き1年毎の有期雇用契約を締結したものであり、契約更新が行われることを前提とする文言が入った本件再雇用契約書を交わしていることからすれば、原告の契約更新への期待は、客観的にみて合理的な期待であるといえるから、本件再雇用契約を雇止めにより終了させる場合には、解雇権濫用法理が類推適用されるというべきである」と判示し、解雇権濫用法理を類推適用しました。

注目すべき点は、再雇用契約が1度も更新されていないにもかかわらず、解雇権濫用法理が類推適用されていることです。この点につき、同事件では、「本件再雇用契約が期間の定めのない雇用契約を終了させた後に引き続き締結されたものであり、本件再雇用契約書に契約更新を前提とした種々の合意がなされていることなどに照らせば、本件において契約更新に対する期待の合理性を判断するに当たり、実際に契約更新がなされた回数はそれほど重要な事情であるとはいえ」ないと判示しています。

したがって、契約更新の回数にかかわらず、諸事情を勘案して**契約更新に対する期待**の合理性があると判断されれば、解雇権濫用法理が類推適用されると解されることになるわけです。

3 実務上の注意点

それでは、実務上はどのようなポイントに注意すべきでしょうか。

もっとも重要なことは、雇用形態を変更するにあたって**十分な説明**を尽くすことで

しょう。正社員を有期雇用とする場合には、まず**有期雇用であること、**そして**更新の有無、**更新がある場合にはその**条件**を、**書面**等をもって十分に伝えておく必要があります。

　例えば、説明の場において、「特段の事情がなければ更新するものと思ってよい」と伝えることは、**契約更新が前提**となっているものと考えられ、期間満了後に契約が更新されることについて**合理的な期待**があるものと判断されるでしょう。

　したがって、**更新をしない可能性がある場合には、**しっかりとその**条件等を明確にしておくこと**が、雇止め時のトラブルを回避するポイントとなります。

　今回のケースは定年前に雇用形態を変更していることから、雇用関係が継続する合理的な期待があるものとして解雇権濫用法理が類推適用される可能性があるといえるでしょう。

第5章
情報管理に関するトラブル

事例 34 同業他社から転職してきた社員に関する問題

当社(X社)では、プログラマーを中途採用しようと募集をかけていたところ、同業でライバル会社に勤めていたYが応募してきました。Yは能力・経験ともに申し分なく、当社としては是非とも採用したい人材なのですが、一方で、営業秘密の漏えい等でトラブルとなることは避けたいと思います。入社時にどのような対策をとればよいでしょうか。

ANSWER

不正競争防止法 2条6項

> (定義)
> 第2条
> (略)
> 6 この法律において「営業秘密」とは、秘密として管理されている生産方法、販売方法その他の事業活動に有用な技術上又は営業上の情報であって、公然と知られていないものをいう。

解説 同業他社から転職してきた社員

1 営業秘密と不正競争防止法

「営業秘密」については、不正競争防止法2条6項において「秘密として管理されている生産方法、販売方法その他の事業活動に有用な技術上又は営業上の情報であって、公然と知られていないものをいう」と定義されていて、次の三つの要件全てを満たすことが、不正競争防止法の保護を受けるために必要とされています。

①秘密管理性：秘密として管理されていること
②有用性：有用な情報であること
③非公知性：公然と知られていないこと

　不正競争による営業上の利益の侵害行為に対しては、差止や損害賠償等の請求ができ、侵害者に対しては罰則が科される場合があります。

2 同業他社の社員を中途採用する場合の留意点

　例えば、今回のケースにおけるYが前職会社で秘密保持義務・競業避止義務に関する誓約等をしている場合、Yがこれに反する行為をすれば、Y本人だけでなくX社も、前職会社から不正競争防止法違反等で訴訟を起こされるリスクが生じます。

　したがって、これらのリスクを低減させるためには、まず、Yに前職会社との間に秘密保持義務・競業避止義務に関する契約があるかどうかを確認し、契約がある場合には、その内容を確認して、中途採用者となるYにどのような義務が課せられているのかを把握しておく必要があります。

　Yの退職時の契約書・誓約書等があれば、退職時の契約内容が確認でき、その内容が合理的なものであれば中途採用後のトラブルリスクは低くなるでしょう。

　しかしながら、Yの退職時に交わした契約書・誓約書等を前職会社がY本人に交付しなかったり、契約書・誓約書の内容を開示しない契約を締結していたり、あるいは秘密保持・競業避止の内容が漠然としているような場合には、Yに課されている明確な義務の内容を把握することは困難です。このような場合においても、Yの秘密保持義務違反等につきX社に「悪意」または「重大な過失」があれば、不正競争防止法上の責任が生じうることから、「悪意・重過失」でないと評価されるように努めることが大切です。

3 入社時に確認書・誓約書を取得する

　では、同業他社にいたYを中途採用するX社としては、「悪意・重過失」がないと主張するためには、どのような対策をとるべきでしょうか。

　経済産業省による「**営業秘密管理指針**」では、次の点等が記載された誓約書の取得が、不正競争防止法上の「重大な過失」がないとの主張の一助になるとしています。

① 他社の営業秘密を、その承諾なしに自社内に開示あるいは使用させないこと

② 他社において完成させた職務発明等の自社名義での出願をさせないこと

③ 自社で就業するに当たり、不都合が生じる競業避止義務がないこと

　よって、X社としてはこれら①～③の内容をふまえた内容の誓約書・確認書を作成し、Yとの間でとり交わしておくべきでしょう。

4 採用後の留意点

　前述のような確認書あるいは誓約書を提出させたからといって、トラブルのリスクが完全になくなるわけではありません。

　確認書・誓約書の提出後においても、なお一定のリスクが残ると考えられる場合には、秘密漏えいの懸念がなくなるまでの一定期間、前職との関係性の薄い業務に従事させる等のより慎重な対応を検討することを考えてもよいでしょう。

事例 35

企業秘密に関する誓約書の義務づけに関する問題

当社は、薬品関係の会社ですが、転職する社員が比較的多いです。新薬の開発等、特に企業秘密の漏えいには神経を使っています。就業規則にも企業秘密の保持義務を定め、これを漏えいした場合は、懲戒処分に処する旨を定めています。こうした規定の趣旨を活かすため、今回、採用時に企業秘密の持出しを禁じる旨の誓約書の提出を義務づけるべく検討を進めています。誓約書の提出を義務づけることは、可能でしょうか。

ANSWER

判 例	アウトソーシング事件・東京地判平25.12.3
	理研精機事件・新潟地長岡支判昭54.10.30
	福知山信用金庫事件・大阪高判昭53.10.27

解 説

企業秘密の持出しを禁止する誓約書の提出義務づけ

1 企業秘密とは

⑴意義

企業秘密とは、企業の業績、活動に影響を与えるいっさいの情報で、技術情報等の公開されていない情報をいいます。これには、不正競争防止法上の営業秘密(不正競争防止法2条6項)の他、企業の不正や不祥事に係る情報や役員のスキャンダル情報、人事情報等使用者のより広範な利害関係事項も含むものと解されています。

参考：不正競争防止法2条6項

第2条

6 この法律において「営業秘密」とは、秘密として管理されている生産方法、

販売方法その他の事業活動に有用な技術上又は営業上の情報であって、公然と知られていないものをいう。

⑵企業秘密保持義務と義務違反

　労働者は、労働契約の締結により、労働契約上の付随義務・誠実義務の一環として、秘密保持義務を負っています。秘密保持義務とは、使用者の営業秘密等をその承諾なく、使用または開示してはならない義務のことです。

　したがって、不正競争防止法の保護を受ける営業秘密等の企業秘密を第三者に漏えいする等して秘密保持義務に違反した場合は、使用者は当該労働者に対して、債務不履行（民法415条）または不法行為（民法709条）に基づく損害賠償請求や差止請求をすることができます。

参考：民法415条・709条

（債務不履行による損害賠償）

第415条　債務者がその債務の本旨に従った履行をしないときは、債権者は、これによって生じた損害の賠償を請求することができる。債務者の責めに帰すべき事由によって履行をすることができなくなったときも、同様とする。

（不法行為による損害賠償）

第709条　故意又は過失によって他人の権利又は法律上保護される利益を侵害した者は、これによって生じた損害を賠償する責任を負う。

2 誓約書と提出義務

⑴誓約書の意義と効力

　誓約書は、基本的には採用時に会社の方針等を労働者が遵守する旨の約束を取りつける書類のことで、一般的には「入社誓約書」のことをいい、使用者と労働者の両者の合意によって初めて意味を持ちます。

使用者側からすれば、採用後のリスク管理や規律維持のためにも欠かせない書類の一つなので、提出を求める必要があります。

入社時にサインを求めることで、あらかじめ労働者に対し負うべき義務を十分に認識させ、事前の抑止力が働く効果を有します。雇用労働者が「誓約書」の内容を破るような行為をしたときや、しそうなときは、「誓約書」を提示して注意指導することもできます。

⑵ 提出義務の有無

問題は、労働者側に提出義務があるか否かですが、労働者は使用者側から強制的に「サインしろ」といわれたとしても、提出する法的義務はありません。

ただし、就業規則等に「誓約書」を提出することが定められていて、その内容が約束事として合法、かつ合理的である場合は、提出の義務が発生すると考えられています。したがって、この場合において提出を拒否した結果、「入社を拒否される」あるいは、「懲戒処分を受ける」等の、何らかの不利益を被ることの可能性は否定できません。

⑶ 誓約書の内容

「入社誓約書」の記載内容は、①服務規定を遵守する、②職歴経歴・保有資格にうそ偽りがない、③勤務地の異動や配転等の人事異動に従う、④会社に損害を与えた場合、その責任を負う、⑤賃金管理等において必要な個人情報を提供する、⑥会社の秘密情報等を漏らさない等を誓約させるのが一般的な内容です。

事業の性格上、企業秘密を多く扱う場合は、「誓約書」とは別途に、①対象となる企業秘密、②在職時の資料保管・秘密保持義務、③退職時の資料・秘密情報の返還義務、④退職後の秘密保持義務、⑤競業避止義務、⑥損害賠償—等の項目からなる「秘密保持誓約書」を作成して、提出を求めることも可能です。

例えば、①の企業秘密の対象としては、i) 製造技術・設計、ii) 製品販売・顧客情報、iii) 他社との業務提携等に関する事項を盛り込むことが重要です。

また、②の在職時の資料保管・秘密保持義務に関しては、「会社が保管する重要情報に関する書類、文書、業務に関連して入手した資料のすべてを在職中

は大切に保管し、会社の許可なくして持ち出さないことを約束します」等の項目を定めておくことが大切です。

⑷誓約書と判例

　企業秘密保持の「誓約書」に関するトラブルも少なくありません。雇用契約に必要な守秘義務の履行に関する入社誓約書等を提出しなかった労働者が解雇され、訴訟に至った以下のケースもあります。

　この事案に対し、裁判所は、「本件誓約書は、労働者が遵守事項を誓約する文書であり、労働者に対して任意の提出を求めるほかないものであって、いずれも業務命令によって提出を強制できるものではない。したがって、当該労働者が本件誓約書等の提出を拒否したこと自体を業務命令違反とすることはできない。また、当該労働者は業務遂行を妨害する目的で本件誓約書等の提出を拒んでいたとも評価できない」と断じ、解雇は無効との判断を示しています（**アウトソーシング事件・東京地判平25.12.3**）。

　また、別の裁判例も上記事件に類似した判断を示し、「誓約書の提出は、業務命令として従業員に強制し得る性質のものではないから、その不提出を『職務上の指示命令に従わない』場合として、懲戒処分の対象とすることは許されない」としています（**理研精機事件・新潟地長岡支判昭54.10.30**）。

　さらに、誓約書の不提出を理由になされた組合役員の労働者に対する諭旨解雇につき、「金庫（会社）の要求した誓約書には包括的な異議申立権の放棄を意味するものと受け取れる文言が含まれていて、内容の妥当を欠くものがあったばかりでなく、そもそも本件のような内容の誓約書の提出の強制は個人の良心の自由にかかわる問題を含んでおり、近代的労働契約の下では誓約書を提出しないこと自体を企業秩序に対する紊乱行為とみたり、特に悪い情状と見ることは相当でないと解する」と指摘し、解雇を無効と判示しています（**福知山信用金庫事件・大阪高判昭53.10.27**）。

3 本ケースの場合

　今回のケースの場合ですが、前述した説明や裁判例等を総合考慮すると、「誓約書」の提出を義務づけることはできないと判断するのが相当と思われます。

　「誓約書」が提出されないことにより、今後業務上の不都合が生じることが予想される場合は、入社時の際に、「誓約書」を提出しない労働者に対しては、会社は当該労働者を採用しない措置をとるのが合理的、かつ効果的な方法となるでしょう。

事例 36

重要データ持出しと解雇に関する問題

　総務担当の労働者が、会社に無断で業務用の重要データが入っているハードディスクを持ち帰ったことが判明し、会社としては事態を重くみて、就業規則に基づき、服務規律に反する「重篤な行為」として、この労働者を懲戒解雇処分にするべく検討を進めています。当該労働者は、懲戒解雇は不当であり、無効だと主張しています。会社としては、当初の予定どおり「解雇処分」の手続を進めても問題はないでしょうか。

ANSWER

| 就業規則 | 懲戒処分に関する論点 |
| 判 例 | |

解 説

1. データ持出しと解雇

1 懲戒解雇とは

　解雇とは、使用者が労働者に対して一方的な意思表示を行うことにより労働契約を終了させることです。解雇の種類には、大きく分けて普通解雇、整理解雇、そして懲戒解雇の3種類があります。

　このうち懲戒解雇は、例えば、①刑法上の犯罪行為、②労働者の職務規律違反、③重大な経歴詐称、④長期の無断欠勤、⑤著しい非行、⑥出勤不良で改善の見込みがない場合等に対し行われる懲戒処分の一つです。

2 懲戒解雇の有効性判断基準

　実務上、解雇を含め懲戒処分が有効であるためには、少なくとも次の要件をクリアすることが必要とされています。

174

(1)あらかじめ就業規則等に懲戒解雇処分等の根拠規定が設けられていること

労働契約法15条の「懲戒」は、労働基準法89条9号にいう「制裁」にあたります。労働基準法は事業場で制裁について定めている場合は、就業規則にもその種類と程度を記載することを義務づけています。

したがって、懲戒が企業内で行われる制裁措置であって、労働者に不利益を与えるものであることから、使用者が懲戒処分を行いうる何らかの根拠が必要とされるのです。

判例も、「使用者が労働者を懲戒するには、あらかじめ就業規則において懲戒の種別及び事由を定めておくことを要する」として、懲戒権の行使の要件として、解雇をはじめ懲戒処分の対象となる行為とその行為に対する懲戒処分の種類があらかじめ就業規則の定めで明確に明示されていることが必要であることを示しています(**フジ興産事件・最判平15.10.10**)。

参考：労働基準法89条9号

(作成及び届出の義務)

第89条　常時10人以上の労働者を使用する使用者は、次に掲げる事項について就業規則を作成し、行政官庁に届け出なければならない。次に掲げる事項を変更した場合においても、同様とする。

9　表彰及び制裁の定めをする場合においては、その種類及び程度に関する事項

---

(2)就業規則に根拠規定があることを確認したなら、当該懲戒解雇処分が権利濫用にあたらないかどうかの判断がなされていること

この段階では、当該懲戒解雇処分等が権利濫用にあたるかどうかの観点から、個別の問題を実質的に判断していくことになります。労働契約法15条が定めているのは、他でもないこの判断基準です。

使用者が労働者を懲戒できる場合を前提として、当該懲戒解雇処分等が権利

濫用にあたるかどうかという問題について判断します。

⑶懲戒解雇処分等を行うに先立って、当該労働者に弁明の機会が与えられ、説明と事情聴取等が適正に行われていること

　事情聴取に入る前に、まず懲戒解雇のための手続を行っている旨を教示すること等、十分な説明をすることが必要です。事情聴取が長時間にわたることや当該労働者の自由意思を奪うような態様である場合は、「弁明の機会」としての相当性を欠くものと判断される可能性があるので、注意が必要です。

　近時の裁判例では、書面による懲戒事由の明示と弁明書提出の要求（**学校法人大谷学園事件・横浜地判平23.7.26**）、事情聴取の実施（**学校法人田中千代学園事件・東京地判平23.1.28**）等について、労働者による弁明の内容等を考慮したうえで、「弁明の機会」が付与されたとの評価がなされています。

　なお、「弁明の機会」の付与に関しては、就業規則や労働協約に懲戒委員会あるいは賞罰委員会の開催が規定されている場合には、懲戒処分に先立って、これらの委員会の開催が求められます。そのような規定がない場合でも、実質的な「弁明の機会」の付与が求められます。

3 裁判例における考慮要素

　ところで、裁判例は、懲戒処分の有効性について判断する際にどのような点を考慮要素として考えているのでしょうか。多くの裁判例では、刑事法の大原則である**「罪刑法定主義」**の考え方に基づき、この原則から導かれる派生原則を適用して、当該解雇を含め懲戒処分が妥当なものかどうかを判断しています。

　「罪刑法定主義」とは、国家権力が国民に対して刑罰を科すには、どのような行為が罪であり、それに対してどのような罰を科せられるのかをあらかじめ法律で定められていなければならないという原則のことをいいます。この原則は、①一事不再理の原則、②刑事不遡及の原則、③類推適用の禁止、④適正手続の保障等の原則からなる原則です。

参考：罪刑法定主義

① 「一事不再理の原則」＝一度処理された事案について重ねて刑事責任を問われないこと

② 「刑事不遡及の原則」＝行為時に適法な行為は、事後に作られた法によって罰せられないこと（事後法の禁止）

③ 「類推適用の禁止」＝被告人に不利な類推解釈は許されないこと

④ 「適正手続の保障」＝被告人に告知・聴聞の機会を与えなければならないこと（「弁明の機会」）

そこで、使用者が労働者を懲戒処分する場合においても、こうした「罪刑法定主義」の考え方に基づいて判断するのが妥当として、そこから①明確性、②平等取扱い、③相当性、④適正手続等を、懲戒処分の有効性を判断するための考慮要素としている裁判例が多く存在します。

参考：「明確性」等とは

① 「明確性」とは、懲戒処分をするには、就業規則に懲戒の種類・程度が明記されていなければならないことをいいます。

② 「平等取扱い」とは、違反の種類・程度が同一の事案に対する懲戒処分は、同一の種類・程度でなければならないことをいいます。

③ 「相当性」とは、懲戒処分の重さが違反の種類・程度と比較して、均衡のとれたものでなければならないことをいいます。

④ 「適正手続」とは、懲戒処分を発動するには、本人に弁解の機会を与える等の措置が講じられていることをいいます。

2. 会社の情報媒体等の持出しと裁判例

さて、激増するこうした情報媒体の持出しをめぐる訴訟において、裁判所はどのような判断を示しているのでしょうか。そのいくつかを紹介します。

1 「重篤な違反とはいえない」として懲戒解雇は無効

・丸井商会事件（大阪地判平25.6.21）

【事案】業務で使用していたハードディスクを自宅に持ち帰ったことを理由に解雇された労働者が、当該懲戒解雇は解雇権の濫用であるとして、会社に対し雇用契約上の権利を有する地位にあることの確認と損害賠償を求めた事案。大阪地裁は、以下のように判示し、懲戒解雇を無効とした。

【判旨】①当該労働者が本件ハードディスクを自宅に持ち帰った事実は認められるものの、服務心得として「会社の業務上の機密及び会社の不利益となる事項を外に漏らさないこと」を定めた会社の就業規則29条4項に該当せず、本件懲戒解雇は無効である。

②当該労働者の行為は、出退社において許可なく私物の持込み・持出しを禁じる就業規則31条違反であるものの、就業規則44条7号は、服務規律違反の「事案が重篤なとき」に懲戒解雇に処すると定めているところ、労働者が持ち帰った本件ハードディスクは、労働者の私物であること、当該会社における備品や情報の管理が徹底されていたとは言い難いこと、本件ハードディスクに保存された情報が外部に流出したか否かは確認されておらず、本件ハードディスクの無断持ち帰りによって、会社に何らかの損害が発生したと認めるに足りる証拠はないことに照らせば、本件ハードディスクの無断持ち帰りについて「事案が重篤なとき」に該当するとは言い難い。

③会社側が予備的に主張する普通解雇は、本件ハードディスクの無断持ち帰りによって会社側に不利益となる情報が外部に漏えいした事実が認められないから、会社の就業規則48条に列挙された普通解雇事由に該当するとも認められない。

2 懲戒権の濫用にあたり、懲戒解雇は無効
・ブランドダイアログ事件（東京地判平24.8.28）

【事案】情報サービス会社（Y）部長（A）が顧客データを販売代理店に開示した行為を理由に懲戒解雇されたことにつき、懲戒解雇は無効であるとして、会社に対し雇用契約上の地位確認および解雇後の賃金の支払等を求めた事案。東京地裁は、以下のように述べて、懲戒解雇の無効を判示した。

【判旨】①懲戒解雇は、労働者にとって、最も厳しい制裁手段であり、多くの局面で当該労働者に不利益を与えるのが実情であることに鑑みれば、権利の濫用にあたるか否かについては、その行為により使用者側が受けた被害の重大性、回復可能性はもとより、そのような行動に出た動機や行為態様を仔細に検討したうえで判断する必要がある。

②顧客リスト（会社主張によれば4,257人分）の送信行為は懲戒事由に該当するが、顧客リストの送信には、Y社商品の販売代理店の営業を促進させ、Y社の売上を伸ばすという面があったこと、顧客リストの送信によりY社に実害が生じた形跡が見られないこと、Y社は当時把握していた資料についてすら十分に検討せず、当時行い得た調査を十分に行わずに本件懲戒解雇に踏み切っていること等を考慮すると、当該部長を懲戒解雇に処することは酷に失する。本件懲戒解雇は社会通念上相当であるということはできないから、懲戒権の濫用にあたり、無効と認めるのが相当である。

3 機密・個人情報の私用パソコンへの保管は、懲戒事由に該当
・ヒューマントラスト事件（東京地判平24.3.13）

【事案】当該労働者（X・原告）が、会社（Y・被告）の機密情報である人事考課表、給料情報、契約情報、従業員の個人情報、人事関係書類、グループ会社の決算報告書等の機密情報等を不正に取得し、私用パソコンに保管し、また競業他社のC社を支援していたことにつき、会社が就業規則と情報管理規程違反等を理由に懲戒解雇したのは解雇権の濫用であるとして、解雇の無効等を提訴した事案。

　なお、同社は就業規則70条2号で、懲戒解雇事由として「業務上知り得た会社

または顧客の機密・個人情報を漏えいし、または漏えいしようとしたとき」と定めている。

【判旨】①当該労働者による会社機密情報の持出しは、その量及び態様に照らし、情報管理規程上の情報管理義務等に違反していることは明らかであり、少なくとも就業規則70条4号（「業務上の指揮命令に違反し、または業務上の義務に背いたとき」）に該当することは明白である。

②Xは、Y社の無断で半年間にわたって継続的に競業他社であるC社のシステム構築を支援していたのであり、Xが本件懲戒解雇の直前までグループ会社の取締役であったことを合わせ考えれば、その背信性は著しく、当該行為によってY社に多大な損害を与えた本件造反（Y社からC社への集団移籍）を容易にしたこと、Y社による調査になかなか協力しようとせず、警察に数回通報して妨害していること等にかんがみれば、Xが転籍間もなく、他に懲戒歴等がないことの事情を勘案しても、懲戒の手段として解雇を選択することもやむをえず、本件懲戒解雇の効力が肯定される。

3. 設問の場合

当該労働者がハードディスクを無断で持ち帰ったことを理由に、就業規則で定める服務規律の「重篤な違反である」として、懲戒解雇に処するには、それ相応の要件が必要とされます。まず、就業規則にその旨の定めがあること、「客観的に合理的な理由」があることが求められます（労契法16条）。労働者保護という法の趣旨から、懲戒解雇は権利濫用にあたらないか（有効性）等の点も問題となります。

この前述の場合においては、処分を検討するにあたって、まず、①ハードディスクは会社の備品か、それとも私物か、②備品や情報の管理が徹底されていたか、③ハードディスクに保存された情報は、持出禁止の秘密情報か、それが外部に漏れた可能性はあるか等の点をチエックする必要があります。そのうえで、社内の懲罰委員会を開き、こうした点を総合勘案して最終結論を出されるのがよいかと思われます。

第5章　情報管理に関するトラブル

　今回のケースの場合、結論からいえば前述の裁判例に照らしても、懲戒解雇処分は相当性に欠けるものと判断するのが妥当でしょう。

ブログやSNSで社内事情を漏らす社員の問題

昨年X社に入社してきた新入社員のYですが、インターネットでの交流が盛んなようで、社内の誰と誰が恋愛関係にあるとか、社員教育が悪いとか、先輩の誰それが人気がある等会社の内部事情を頻繁にインターネット上のSNSやブログに盛んに書き込んでいます。会社の内部機密ではないにしろ、将来的に業務に支障をきたす可能性もなくはないと考えています。このようなYにどのように対応したらよいのでしょうか。懲戒処分も視野に入れて考えています。

ANSWER

判例　富士重工事件・最判昭52.12.13
　　　　国鉄中国支社事件・最判昭49.2.28
　　　　日本経済新聞社事件・東京地判平14.3.25

解説　ブログやSNS等インターネット上で会社の社内事情を漏らす社員

1 インターネット上の媒体への書込みの問題点

今回のケースでは、社内事情をインターネット上の媒体にアップロードし、不特定多数の者が閲覧できる状態にしているため、営業機密・内部情報を漏えいしているとまではいえませんが、業務が阻害される可能性があるのはたしかです。

しかし、このようなインターネット上の書込み等が、私的な行為として、業務行為外になされているときには、管理・命令はできないのが原則です。すなわち、企業が従業員に指揮命令できる範囲は、基本的には労働の提供に関する範囲だからです。企業は従業員の私生活の時間に対しても賃金を支払っているわけではないからです。最高裁判所も富士重工事件（最判昭52.12.13）において労働者は「企業の一般的な支配に服するもの」ではないとしています。

もっとも、労働時間外に企業の指揮命令権が及ばないのが原則であるとしても、労働者がその企業に所属している以上、その企業の名誉や信用を棄損したり、職場内の秩序を混乱させたりするようなことをしてはならない義務は存在します。これは信義則上労働者に課される義務ですが、この義務に違反することで業務が阻害されるのであれば、それは非違行為となり、人事考査の対象となったり、懲戒処分の対象になったりするのです。

しかし、業務阻害性を明確に判断できるものは少なく、はっきりしない場合が多いのも事実です。とはいうものの、信用毀損のリスクをそのまま放置しておくわけにもいきません。

２ 私生活上の行為に対する懲戒処分の可否

そもそも、私生活上の行為に対して、企業は懲戒処分ができるのでしょうか。

まず、社員が勤務時間内または勤務場所においてインターネットに私的な書込みを行っている場合には就業規則に定める服務規律違反を根拠として、当該社員に対して懲戒処分を行うことは問題ないでしょう。

これに対し、社員が勤務時間外に、勤務場所以外でインターネット上に書込みを行う場合には私生活上の行為となります。私生活上の行為に対する懲戒処分の場合、企業秩序に関係を有する場合に限り懲戒処分を行うことができるとするのが判例の立場です（**国鉄中国支社事件・最判昭49.2.28**）。

つまり、社員の書き込んだ内容が事業活動に関連し、または会社の社会的評価を棄損する等、企業秩序に影響を与えるものでない限り、書込みを行った社員に対する懲戒処分を行うことはできないのです。

３ 書込みの禁止と表現の自由

憲法上、個人には表現の自由が規定されており（**憲法21条**）、インターネット上への書込みももちろん表現行為にあたることから、それを制約することは表現の自由の侵害の可能性が生じるため、軽々に書込みを禁止することはできません。

もっとも、企業も営業権を有しているので、絶対に制約してはならないということは
ないはずです。この点について**日本経済新聞社事件**（東京地判平14.3.25）では、
新聞記者が自ら開設したインターネット上のサイトで自己の所属する会社を批判し、
社外秘扱いの情報を公開したことに対する14日間の出勤停止処分が有効であるか
が争われました。裁判所は「懲戒処分の対象となる労働者の行為が憲法上保障さ
れる場合であっても、憲法上の権利保障は労働者と企業との間の労働契約関係を
直接に規律する効力を有するものとは認められないうえ、企業秩序維持の観点から
このような行為を懲戒処分の対象とすることが当然に公序良俗に反する許されない
ものとも解されない」と判断しています。つまり、憲法は私人間には直接効力を有す
るものではないから、労働契約という私人間の関係にある当事者を直接拘束するよ
うなものではなく、**企業秩序維持**のために懲戒処分を行うことも許されるといってい
るのです。

　しかし、表現の自由を根拠に書込みを認める必要はないとしても、憲法上の理念
は私人関係を規律する私法（当然労働関係を含みます）にも取り込まれるため、書込
みに対する不合理な制裁は、不法行為として損害賠償の対象となる可能性があり
ます。

　そこで、懲戒処分を行う際には、その書込みが企業に与える影響およびその処
分が相当であるかを慎重に検討し、社員の表現の自由に対する過度の制裁となら
ないように配慮する必要があるでしょう。

4 具体的対応

　基本的にインターネットの書込みが個人の自由であったとしても、会社に業務上の
支障が生じるような場合には、その書込みを禁止できるという規定を就業規則に盛
り込んでおいたほうがよいでしょう。

　最初は口頭による注意を、その後、注意書・指導書といった書面を当該社員に
交付します。業務を阻害する現実的な可能性が認められる場合には、それはもは
や非違行為となり、けん責・減給等の軽い懲戒処分から降格といった人事権の行

第5章 情報管理に関するトラブル

使も可能となるでしょう。

今回のケースの場合、X社はYの私生活上のネットへの書込みに関して、事実関係を正確に調査し、その書込みが企業の名誉・信用を棄損したり、社内秩序に影響を及ぼす場合には懲戒処分を行うことができます。この場合Yには民事上の請求、場合によっては刑事上の措置を講じることも考えられます。書込みの内容が明らかに不当なものの場合にはプロバイダに対して削除請求も行うことができますので、それらの対応についても検討すべきでしょう。

第 **6** 章

メンタルヘルスに関する
トラブル

事例 38

採用内定者のメンタルヘルス問題

わが社（X社）の新卒採用の内定を出した社員Yが、うつ病に罹患していたことが判明しました。採用面接時には一切そのような話はなかったのですが、Yの内定を取り消すことはできるでしょうか。

ANSWER

判 例	学校法人尚美学園事件・東京地判平24.1.27
誓約書	

採用内定後にうつ病に罹患していることが判明した社員

解 説

1 採用内定の取消し

会社からの求人募集（申込の誘引）に対して、就職希望者が応募することは労働契約の申込となり、これに対する会社の採用内定通知は、当該申込の承諾となりますから、会社が採用内定通知をすると、会社と就職希望者との間に始期付解約権留保付労働契約が成立することになります。

そして、留保解約権の行使、すなわち採用内定の取消しができるのは、①採用内定当時知ることができず、また知ることが期待できないような取消事由があること、②当該事由を理由として採用内定を取り消すことが解約権留保の趣旨、目的に照らして客観的に合理的と認められ社会通念上相当であるとして是認することができる場合に限られます（大日本印刷事件・最判昭54.7.20、電電公社近畿電通局事件・最判昭55.5.30）。

2 採用面接時に不利益な事項を告知しなくても信義則違反とはならない

通常、就職希望者の側からすると、採用面接時にうつ病であったとしても自ら積極的にそのことを申告することはないと思われます。

ここで問題となるのが、面接時にうつ病であることを隠していた場合に、採用内定取消を行えるかどうかということです。

　この点については、学校法人尚美学園事件（**東京地判平24.1.27**）が参考となります。同事件は、被告学園が設置する大学で教授職にあった原告が、以前の職場でセクハラ・パワハラを行ったことを採用面接時に積極的に告示しなかったこと等を理由として解雇されたことにつき、その効力等が争われました。

　裁判所は、「採用を望む応募者が、採用面接に当たり、自己に不利益な事項は、質問を受けた場合でも、積極的に虚偽の事実を答えることにならない範囲で回答し、秘匿しておけないかと考えるのもまた当然であり、採用する側は、その可能性を踏まえて慎重な審査をすべきであるといわざるを得ない」と述べたうえで、「告知すれば採用されないことなどが予測される事項について、告知を求められたり、質問されたりしなくとも、雇用契約締結過程における信義則上の義務として、自発的に告知する法的義務があるとまでみることはできない」との判断を示しました。

　つまり、採用面接時において、就職希望者にとって不利益となる事項は自発的に告知する法的義務はないということです。したがって、採用面接時にうつ病であったことを隠していたとしても、そのことについて質問をされていなかったり、また積極的に虚偽の事実を述べていたりするのでなければ、雇用契約締結過程における信義則違反とはならないと解されます。

　なお、同事件では、原告について「採用面接時、修士号・博士号、研究者又は教育者としての稼働経験がなく、特に研究や研修・教育に従事した経験も見当たらず、被告にとっては、さしたる情報のない、大学教授としての能力については未知数の人物であったといえる」として、「被告は、このような人物を、期間の定めなく大学教授として採用しようというのであるから、その採用面接を含む審査については、慎重を期し、相当の注意を払ってしかるべきだったといえる。（中略）セクハラ・パワハラ告発の問題を問題にするのであれば、採用前に、本人なり、紹介者である厚生労働省人事課長に聞くなり、被告の側で調べるなりすべきであったといわざるを得ない」と判決で述べられています。

したがって、会社側からすれば、採用選考にあたり、就職希望者にとっては採用に不利益となるような事項であっても、その人物の評価に必要な事項であれば十分に調査し、採用面接時においても必要な質問を行って回答を得ておくことが、その後の採用取消あるいは解雇をする際に必要となってくるといえます。

3 誓約書の提出

採用面接時に、会社が既往症やうつ病等の有無について就職希望者に質問することは非常に重要なことですが、就職希望者としてみれば、仮にうつ病であったとしても正直に答えない可能性が考えられます。

このような場合には、誓約書を用意し、採用面接時の回答と実際の健康状態が異なる事実が判明した場合には、内定が取り消されることを誓約させておくことが有効です。そのためには、前提として、採用面接時に既往症やうつ病等に関する質問を行っておかなければなりません。

会社として十分な調査・質問を行った結果、採用面接時には判明しなかったうつ病が採用内定後に判明した場合には、採用内定の取消しができる「採用内定当時知ることができず、また知ることが期待できないような取消事由があること」に該当すると解されます。

また、採用内定後に内定者がうつ病に罹患した場合も「採用内定当時知ることができず、また知ることが期待できないような取消事由があること」に該当するでしょう。

ただし、うつ病等のメンタルヘルス疾患や既往歴はプライバシー情報でもありますから、採用面接時での質問には慎重な配慮が必要です。質問に関しても強制的あるいはそれに近い状態で回答させるようなことがあってはなりません。「採用後に当社での労働に耐えられるかどうか、安全配慮義務・健康配慮義務の観点からお聞きしますので、正確にお答えください」と告げたうえで、相手からの自発的な回答を受けるようにしましょう。仮に、回答がなかったり、誓約書の提出を拒むような場合には、そもそも採用しないというかたちで企業防衛をせざるをえないでしょう。

4 内定取消が認められる場合

　次に問題となるのは、内定の取消しが「客観的に合理的と認められ社会通念上相当であるとして是認することができる」かどうかです。

　まず、会社としては、内定者がうつ病に罹患しているという事実を客観的な証拠により確認しなければなりません。確認方法としては、本人への確認だけでなく、主治医の診断書の提出を命じたり、産業医等による受診命令を行ったりすることが考えられます。

　内定者がうつ病に罹患していることが確認できたとしても、その事実のみをもって内定取消とするのは不十分です。というのも、たとえうつ病の状態にあっても通常業務を遂行することができれば、内定を取り消す必要はないと考えられるからです。

　したがって、入社後の研修に参加することが可能であるか否か、あるいは新しい環境のなかで負荷がかかることにより症状が増悪するか否か等の点について主治医および産業医等の意見を聞いたうえで総合勘案し、通常の業務を遂行することができない、すなわち労務の提供が困難であると認められる場合ならば、採用内定取消が有効となると解されます。

　今回のケースも労働法だけでは解決できない問題ですが、結論として、Yが採用面接時にうつ病であることを隠していたというだけでは、ただちに内定の取消しとすることは難しいでしょう。ただし、入社後の研修等への参加が困難であったり、職場環境により負荷が生じて通常の業務を遂行できないことが客観的に認められれば、X社は内定を取り消すことができると解されます。

採用対象者のメンタルヘルス調査に関する問題

X社では、今回、事務系の社員Yを採用することになり、現在身体検査を残すだけとなりました。ただ、気がかりなのは、Yに精神障害歴があるのかどうかの点です。採用にあたり、メンタルヘルスの調査をしたいと思っています。思想調査等と同様に、健康状態につき調査をしても問題はないでしょうか。

ANSWER

憲法 13条・プライバシーの権利

> 第13条 すべて国民は、個人として尊重される。生命、自由及び幸福追求に対する国民の権利については、公共の福祉に反しない限り、立法その他の国政の上で、最大の尊重を必要とする。

判例 三菱樹脂事件・最判昭48.12.12

解説 採用にあたりメンタルヘルスの前歴を調査しても問題はないか

1 企業の採用の自由と法律の制約

企業（使用者）には、雇用労働者の採用にあたっては、「採用の自由」（労働契約締結の自由）が認められているのはすでにご説明したところです。労働契約締結の自由は民法上の大原則でもあり、また、職業選択の自由（憲法22条）や財産権の保障（憲法29条）といった憲法上の権利に由来する自由でもあります。

この「採用の自由」については、最高裁判例も、「企業者は、かような経済活動の一環としてする契約締結の自由を有し、自己の営業のために労働者を雇用するにあたり、いかなる者を雇い入れるか、いかなる条件でこれを雇うかについて、法

第6章　メンタルヘルスに関するトラブル

律その他による特別の制限がない限り、原則として自由にこれを決定することができる」と判示して、これを認めています（三菱樹脂事件・最判昭48.12.12）。

　また、企業には、採用の際の判断資料を得るために、労働者の身辺を調査したり、応募者から一定の事項を申告させることも、調査の自由として認められています。

　前述の最高裁判決は、労働者を採用するに際し、「企業者が特定の思想、信条を有する者をその故をもって雇い入れることを拒んでも、それを当然に違法とすることはできない」と述べ、「採用拒否」もまた、「採用の自由」として認め、違法ではないとしています。

参考 ：「法律その他による特別の制限」とは

採用の過程における法律上の制約には、例えば、黄犬契約の禁止（労働組合法7条1項）、男女の採用差別禁止（男女雇用機会均等法5条）等があります。

・「黄犬契約の禁止」とは

　黄犬契約とは、組合に加入しないことまたは脱退することを雇用条件とする契約のことをいいます。

・「男女の採用差別禁止」とは

　その文言どおり、性別を理由とする差別を禁じたもので、①募集・採用の対象から男女のいずれかを排除すること、②募集・採用の条件を男女で異なるものとすること、③採用選考において、能力・資質の有無等を判断する方法や基準について男女で異なる取扱いをすること等を禁じています。

　男女雇用機会均等法は5条で、「事業主は、労働者の募集及び採用について、その性別にかかわりなく均等な機会を与えなければならない」としています。

---

2 個人情報の収集と職安法の制限

　そこで問題は、労働者の採否にあたって、使用者が行う調査事項や調査方法等において、調査の自由はどの範囲まで許されるのかということです。

使用者の調査の自由は、あくまで労働者の労務遂行能力や適性についての判断資料を得るためのものであり、労働者の職業能力や適格性と無関係な事項について、調査することは認められません。個人のプライバシー保護の観点からいえば、無制約・無制限というわけにはいかないのは当然のことです。

　近時、設問にある精神障害等のような、個人のプライバシー保護に対する一般の意識が変化している状況下において、特に調査事項や調査方法については、より慎重な検討・配慮が求められるのもそうした事情からです。

　職業安定法もその点を重視し、労働者の募集を行う者は、「その業務に関し、求職者、募集に応じて労働者となろうとする者(中略)の個人情報(中略)を収集し、保管し、又は使用するに当たっては、その業務の目的の達成に必要な範囲内で求職者等の個人情報を収集し、並びに当該収集の目的の範囲内でこれを保管し、及び使用しなければならない」と定めています(職業安定法5条の4第1項)。

　また、職業安定法5条の4に関する方針(改正平24.9.10厚労告506号)も、原則として、①人種、民族、社会的身分、門地、本籍、出生地その他社会的差別の原因となるおそれのある事項、②思想及び信条、③労働組合への加入状況については収集してはならず、特別の業務上の必要性があり、不可欠な場合には収集目的を示す必要があるとしています。

　職業安定法5条の4に関する方針においては、精神障害歴については、明示的に収集規制の対象としていないものの、精神障害歴の有無は、「社会的差別の原因となるおそれがある事項」といえるので、これに従い、対象労働者には「収集目的」を明示することが必要でしょう。

　こうした方針に基づき、厚生労働省も、「健康診断書」についても、応募者からの一律に健康診断書を提出させている場合は、これを見直すよう事業者に促しています。

第6章　メンタルヘルスに関するトラブル

3 今回のケースのような精神障害歴の調査の場合

　今回のケースのような精神障害（症）の調査については、どのように考えるべきでしょうか。もっと具体的にいえば、精神障害の前歴調査は、プライバシー権を侵害する違法行為にあたるか否かということです。

　まず、第一に、精神障害と一言でいっても、その病状・病態は多岐にわたっており、精神障害によっては予定する労務遂行が困難であり、また業務遂行中に突然、職場内を駆け巡ったりして職場秩序を乱し、他人に迷惑をかける等、業務遂行にさまざまな影響を与える場合があることは否定できません。

参考：精神障害の病態

精神障害は、一般的に「精神疾患」、「心の病」と呼ばれています。精神障害とは、苦悩や異常を伴う心理的症候群または行動様式をいいます。

世界保健機関（WHO）は、症状と苦痛とを組み合わせた機能不全としています。主たる疾患には、統合失調症、うつ病や双極性傷害といった気分障害、パニック障害といった不安障害等があります。

　第二に、労働者のメンタル面を含む健康診査は、労働者が、会社の期待する労務遂行能力や従業員としての適格性を有するかどうかをチェックするためのものであるということです。

　精神障害を過去に有していたか否かや、現在精神障害を有し治療中か否か等の調査は、まさに労働能力や適格性等の判断に大きくかかわってくる事項なので、採用選考時にこれらの事項を調査する必要性がないとはいえず、調査することは、特別な事情がない限り、「不合理」とはいえないでしょう。

　したがって、採用時に、精神障害歴があるか、あるいは現在その治療中か否かについて質問・調査することが違法とまではいえないでしょう。

　使用者側には、「採用拒否」という「採用の自由」が最大限に保障されていることをあわせ考えると、精神障害症を採否の判断要素の一つとしたり、たとえ精神障害

195

の治療中であることを理由に採用を拒否したとしても、違法とまではいえないでしょう。

4 前歴調査等にあたって注意すべきポイント

　ただし、精神障害についての前歴調査をする際は、以下の点について、十分注意することが必要です。

⑴メンタルヘルスに関する情報は、労働者のプライバシーに関する情報として、要保護性の極めて高い情報であること

　したがって、採用後の業務内容と無関係にメンタルヘルスに関する事項の申告を強要することは、労働者のプライバシーを侵害する違法行為となる可能性があります。例えば、病歴を申告させるには、過去2年以内に限定して質問する等の配慮についての検討も必要でしょう。

⑵メンタルヘルスに関する事項を調査することの必要性を事前に説明すること

　精神疾患を含めた病歴のある者や、精神的な弱さ、例えばストレス耐性が低いというだけで、企業から排除することは、企業の社会的責任(CSR)を無視しているとして、マスメディア等からの批判の対象となる可能性があり、企業イメージを損なうことになりかねないことに十分留意してください。

⑶質問する際には、採否の判断資料とすることを通知したうえで、質問に回答することにつき、当該労働者の同意を得ておくこと

　後々のトラブル回避のためにも、同意を得るべきです。

⑷過去の精神疾患についての質問は現在、または今後の労働能力に影響する範囲で「適法」とされるが、労働能力に影響がない場合の質問については「違法」となること

　一般的に精神疾患は、一見完治したようにみえても、その後、再発することがあります。この再発リスクを考えた場合、すでに治癒しているからと、今後の労働能力には影響はないとは、一概にいえません。実際には、どの範囲までが適法な質問か、という判断については、こうした極めて難しい面があります。

⑸採用にあたって収集した健康情報等は、本人の同意なく目的外に使用したり、第三者に本人の同意なく提供したりすることがないようにすること

⑹精神疾患等につては、口頭では聞きづらいこともあると思われるので、「健康状態チェックシート」等を用意して、面接時に記入してもらうことも有効であること

　今回のケースの場合、⑴〜⑹の項目に配慮したうえで、強制にならない範囲で質問をすることは許されるでしょう。

事例 40

メンタルヘルスと解雇に関する問題

　ここ2〜3か月の間に欠勤が増え、仕事の能率が著しく下がった入社5年目の部下Yがいます。話を聞くと、プライベート上の問題で悩んでいるようで、メンタルヘルス疾患に罹患しているかもしれません。部全体にも悪影響が出始めていることから、解雇を視野に入れて対応をしたいのですが、何か問題はあるでしょうか。

ANSWER

判 例	農林漁業金融公庫事件・東京地判平18.2.6
	K社事件・東京地判平17.2.18
	平仙レース事件・浦和地判昭40.12.16
	アロマカラー事件・東京地決昭54.3.27
	片山組事件・最判平10.4.9

解説

プライベートの問題でメンタルヘルス不調となった社員

1 休職制度

　今回のケースの場合、まずは休職制度の適用を検討すべきでしょう。

　休職制度とは、一般的に解雇猶予措置として位置づけられており、従業員が私傷病により就労することができない場合に、一定の期間解雇を猶予し、その期間内に私傷病が回復すれば復職とし、回復しなければ退職もしくは解雇とする措置です。多くの会社の就業規則では、この休職制度に関する規定が設けられています。

　一方で、就業規則には、解雇事由として、「精神又は身体に故障があり、勤務に耐えられないと認めたとき」といった規定が設けられているのが通例です。この点において、まず問題となるのが、私傷病により労務不能となった従業員を「精神又

は身体に故障があり、勤務に耐えられない」として有効に解雇することができるかどうかという点です。

つまり、休職制度と解雇の関係が問題になります。

2 回復の見込みの有無

休職制度は、解雇猶予期間であり、私傷病によって就労能力を喪失した従業員の回復を待つ期間と捉えられています。

この休職制度の趣旨からは、回復の見込みがない場合には、休職をさせる(会社が従業員に休職命令を発するというかたちをとります)必要はなく、解雇措置をとることができると解されます。

農林漁業金融公庫事件(**東京地判平18.2.6**)では、低酸素脳症によって高次脳機能障害を負った従業員につき、「低酸素脳症による高次脳機能障害は、短期的に回復することがあっても、長期的には、大幅な回復が見込まれないものであるから、被告が、原告の就労能力の回復する可能性を十分に勘案していなかったとしても、そのことが被告の判断についての相当性を失わせる理由とはならない」とし、「客観的に就労能力のないと認められる原告について、客観的な原告の病状、就労能力とも一致する資料に基づいて、原告に就労能力はないと判断し、休職命令を発しなかったことが相当でないということはできない」として、休職制度を適用せずに退職とした扱いを有効としています。

一方で、回復の見込みがある場合には、休職制度を利用させなければ解雇が無効となる可能性が高いでしょう。

例えば、就業規則で休職制度を最大2年間利用できるとの規定があり、躁うつ病による休職を認めた一方で、実際には休職期間7か月をもって解雇をした場合、「治療の効果が期待できるのであれば、被告において、再度の休職を検討するのが相当である」等として、解雇を無効と判断した判例があります(**K社事件・東京地判平17.2.18**)。

また、同事件では、病気休職中の者が2人いる一方で、躁うつ病の原告のみを

解雇したことについて、「原告のみを解雇するのは、平等取扱いに反するというべき」として、同解雇を解雇権の濫用であると判断しています。

　憲法は「**法の下の平等**」（**憲法14条**）を定めていますが、この平等原則は、私人間においても契約の解釈等の場面で重要な考慮要素となります。基本的には、「同じものは同じに扱う」のが平等の考え方です。そのため、この判例のようなケースはもちろん、過去において会社が従業員に休職を命じたケースと同様のケースが生じた場合、やはり同じように扱うことが公平上要請されます。

　休職制度と解雇に関する取扱いの原則をまとめますと、回復の見込みがない場合には、休職制度を適用せずに解雇することも認められますが、回復の見込みがある場合に、休職制度を適用しない、あるいは打ち切るといった措置をとってしまうと、その結果としてなされた解雇を無効と判断されると解されるでしょう。また、同一の状況にある場合の取扱いの平等性に欠けた解雇をした場合や、過去のケースとの取扱いに差がある場合にも、解雇は無効とされる可能性が高いでしょう。

❸ 実務対応

　それでは、実務上、メンタルヘルス不調者に対してはどのような判断を下すべきでしょうか。そのためにはまず、休職期間中において、どの程度まで回復（治癒）すればよいのかという基準が必要となります。

　判例によると、「治癒」したとは、原則として、「従前の職務を通常の程度に行える健康状態に復したとき」をいい（**平仙レース事件・浦和地判昭40.12.16**）、従前の職務を遂行できる程度に回復していない場合には、復職は権利として認められないのが原則であるとされています（**アロマカラー事件・東京地決昭54.3.27**）。

　しかしながら、最近では「労働者が職種や業務内容を特定せずに労働契約を締結した場合においては、現に就業を命じられた特定の業務について労務の提供が十全にはできないとしても、その能力、経験、地位、当該企業の規模、業種、当該企業における労働者の配置・異動の実情及び難易等に照らして当該労働者が配置される現実的可能性があると認められる他の業務について労務の提供をする

ことができ、かつ、その提供を申し出ているならば、なお、債務の本旨に従った履行の提供があると解するのが相当である」(片山組事件・最判平10.4.9)として、従前の職務を行えなくとも復職を認めるケースが多くなっています。

　問題となるのは、使用者がどのように回復見込みの有無等を判断するかです。特に、メンタルヘルス疾患の場合には、症状や治療期間等専門家でないと判断ができないケースが多く存在します。

　前述の農林漁業金融公庫事件では、「傷病により退職する従業員の就労能力を判断するために、使用者が常に産業医の判断を経なければならないわけではない」として、休職制度適用の判断にあたり、必ずしも産業医の判断は必要ないとの立場を示していますが、ことメンタルヘルス疾患については、産業医あるいはメンタルヘルス疾患に係る専門医の意見を積極的に取り入れる必要があるといえます。

　今回のケースの場合、まずはYに休職を命じ、様子をみることから始める必要があります。そのうえで、解雇すべきかどうかについて判断するという手順をふむことになります。

　なお、労働安全衛生法の改正により、平成27年12月より「ストレスチェック」が義務化されました。常時使用する労働者に対し、「ストレスチェック」を実施することが義務づけられたのです(従業員数50人未満の企業は当分の間努力義務とされます)。このストレスチェックを制度を活用することで、メンタルヘルス不調者の早期発見と、メンタルヘルス不調の防止に努めることが、今後企業の労使トラブル予防に大きな役割を果たすことになるでしょう。

メンタルヘルスと受診命令に関する問題

事例 41

　X社の職場の誰がみても、明らかにメンタル疾患に罹患しているいわゆるメンタル不調者の社員Yがいます。日頃の仕事ぶりも、だんだん能率が落ちてきて、欠勤や遅刻を繰り返しています。部下を統率する立場にある中堅管理者として、悩ましい問題となっています。症状がどの程度か知る必要があると思い、医療機関の診断を受けるよう勧めたいと思っています。会社として、医師の受診を命令することができるでしょうか。

ANSWER

就業規則による対応

判 例　京セラ事件・東京高判昭61.11.13

メンタルヘルス疾患者と受診命令

解 説

1 受診命令の根拠

　今回のケースに対する答えは、こうした場合の対応についての規定が、就業規則に明記されているか否かによって分かれます。就業規則に受診命令が明記されている場合は、その条文に則して履行すればよく、何ら問題なくクリアすることができるでしょう。メンタルヘルスにまつわる問題は、これまでみてきたように、非常に繊細な配慮が必要とされます。労使トラブルの予防・解決の観点からも就業規則を整備することの重要性が、本ケースからわかります。

　問題は、就業規則にこうした場合の措置についての明確な規定がない場合です。こうした事案に対処するべき規定がない場合は、トラブル防止の観点から、速やかに就業規則を変更する等して、受診命令の根拠規定を設けるべきです。

　受診命令の根拠規定がない状況では、受診を命令することができないことになりますが、しかし、就業規則に明確な規定がない場合でも、一定の事情があれば、

受診命令を発することができるとする裁判例があります。

　たとえ、受診命令を発しても、これを受け入れられない場合は、その都度、当該労働者の反応、例えば、従業員が拒否した場合の言動等を書面により記録しておくようお勧めします。これは、後日、使用者側の受診命令権の行使を正当づける大きな根拠となりうるからです。

　以下、詳しくみていくこととしましょう。

2 就業規則と受診命令

　労働安全衛生法で定められている健康診断の実施（定期健康診断等）は、法律上履行を義務づけられている事項なので、就業規則に根拠規定がなくても、これらの健康診断を受診するよう命じることができます（**安全衛生法66条1項等**）。

　しかし、これ以外の健康診断の受診については、原則的には会社が受診を命じることができる旨の規定が就業規則に明記されていることが求められます。

　今回のケースの場合も、法定外の健康診断を受けさせようというものであり、メンタルヘルス疾患により重大な事故が発生するおそれがある場合には、早急に、本人の同意の下に専門医への受診を勧めるのが望ましいでしょう。

　ただ、本人が受診を拒否した場合は、業務命令として専門医の受診を命じることになりますが、その場合についても、その根拠規定が就業規則に明記されていることが原則として必要とされるのです。

　そうした規定がない場合は、後に説明するように、業務命令として受診命令を発することもできなくはありませんが、トラブルの予防の観点からは、早急に、就業規則を改定すべきです。その際に、会社指定医への受診を命じることも可能ですので、その旨定めておくこともできます。ただ、従業員が有する医師の選択の自由、治療方法の選択の自由、別の医師の診察を受ける自由等との関係の問題があり、規定する場合は、この点に対する配慮を忘れないことです。

　具体的には、会社指定医への受診を命じる場合でも、従業員が別の医師の受診を希望する場合は、双方の医師の診断を従業員の健康状態の判断資料として

用いることを従業員にあらかじめ伝えること等の配慮を行うべきでしょう。

3 受診命令権行使と根拠事実

次に、就業規則に根拠規定がある場合は、常に正当な受診命令を行使することができるのかという問題があります。

受診命令は、就業規則に根拠規定があるからといって、常に行使できるわけではなく、受診命令を行使するための根拠事実が必要とされます。命令権を「保有」しているかという点と、「行使」が正当かという点とは、別個の問題だからです。

今回のケースのような、労務に影響を与えることが予想される心身の疾患が疑われる状況は、一般に受診命令権の行使を正当づけるものと判断されるでしょう。

問題は、会社側が、そうした心身の疾患を疑うに足る十分な事実を正確に把握し得ているかどうかです。この種の事案では、「何の根拠もなく、精神障害者扱いにするのか」という従業員との間で、トラブルが生じることが少なくないからです。

会社としては、日頃から、そうした従業員の言動を注意深く観察・監視し、おかしい言動や症状が見受けられた場合は、その都度、そうしたことを文書で記録に残しておくことが重要です。後日、それが受診命令権行使の正当性を裏づける証拠となるからです。

4 就業規則に規定がない場合の受診命令の効力

ところで、就業規則に根拠規定がない場合は、使用者は、当該労働者に対して受診を命じることができないことになるのでしょうか。

この点につき、裁判例は、「会社が、当該労働者に対し改めて専門医の診断を受けるように求めることは、労使間における信義則ないし公平の観念に照らし、合理的かつ相当な理由のある措置であるから、就業規則等にその定めがないとしても指定医の受診を指示することができ、当該労働者はこれに応ずる義務があるものと解すべきである」と述べたうえで、当該労働者の指定医受診の指示に従う義務はないとの主張に対して、「前記の義務を肯定したからと言って、直ちに同人個人の

有する基本的人権ないし医師選択の自由を侵害することにはならない」としています（京セラ事件・東京高判昭61.11.13）。

　言葉をかえれば、受診命令に「**合理的かつ相当な理由**」があれば、就業規則に根拠規定がない場合でも、メンタルヘルス疾患者に対して受診命令を発することが可能であるということになるでしょう。

　しかし、反面では、根拠規定がないなかで受診を命じるにあたってはそれ相応の事情説明を求められる可能性があるともいえるわけで、トラブル発生の予防的観点からいえば、やはり就業規則を変更する等して、根拠規定を設けることが最も適切で、かつ効果的な方法といえましょう。

５ ストレスチェック義務化等への対応

　メンタルヘルス疾患等の精神障害は早期発見が、本人にとっても会社にとっても非常に重要です。精神疾患による休職者が出ると、職場においては休職者の業務のしわ寄せが他の従業員の負担となり、二次災害に至る可能性もあります。

⑴従業員を対象としたメンタルヘルス検診の実施

　メンタルヘルス疾患に関する健診は、定期健康診断の法定項目から除外されているため、職場での予防対策上、従業員の精神面の健診も行うことが求められます。

　労働安全衛生法の改正により、事業者は、メンタルヘルス検診を実施することが義務づけられることになったことから、今後これを定期的に行うことによって、従業員の精神的健康の状況を把握することが可能となります。

　この検診は、具体的には質問調査票により従業員のストレスをチェックするかたちで行われますが（**ストレスチェック制度**、平成27年12月施行）が、当面は従業員50人以上の労働者を雇用する事業主に実施を義務づけられています。従業員50人未満の企業においても、ストレスチェックの質問調査票を上手に活用して、メンタルヘルスケアを心がけるべきでしょう。

⑵従業員の健康情報等の保護・管理の徹底

　従業員の健康情報は、個人のプライバシーのなかでも高度の保護を要する重要な情報とされているので、事業者は保護・管理には十分な配慮が必要です。例えば、前述のストレスチェック検査で、「高ストレス状態で問題がある」という通知を受けた従業員のプライバシーをどう保護し、情報を管理するかという問題があります。前項のメンタルヘルス検診（ストレスチェック制度）の義務化により、その結果は医師または保健師から直接当該従業員に通知されることになっており、事業者が検診の結果を入手するためには、原則として当該従業員の同意を得なければなりません。

　また、従業員の健康情報をメンタルヘルス対策等に活かそうとする場合には、労働者の同意を必ず得ることが必要となります。

　会社が個人情報保護に関しての適正な配慮をしていない状態では、それらの同意を得ることは難しいため、就業規則等には個人の健康情報を含めた個人情報保護に関する規定を明記しておくことが求められます。

6 関連判例

　この点につき、精神科医による健康診断等を実施し、その結果に基づいて休職等の措置を講じるべきであったのに、こうした対応をとらずに懲戒処分の措置を取ったことは適切でないとして、懲戒処分を無効とした例（**日本ヒューレット・パッカード事件・最判平24.4.27**）があります。

第 **7** 章
ハラスメントに関する
トラブル

土下座による謝罪命令を拒否した社員の処分に関する問題

事例 42

　X社の販売従業員Yが応対のことで顧客とトラブルを起こし、顧客からその場で土下座をして謝るよう求められました。その場に居合わせた店長は、それに応じるようYに命じましたが、Yは「すでに謝ったし、そんな屈辱的なことはできない」と、店長の命令を拒否しました。腹を立てた店長は、業務命令違反だといきまき、懲戒処分を検討しているといいます。
　こうした場合も懲戒処分の対象となるのでしょうか。

ANSWER

労働契約法　業務命令権の根拠（7条）

> 第7条
> 　労働者及び使用者が労働契約を締結する場合において、使用者が合理的な労働条件が定められている就業規則を労働者に周知させていた場合には、労働契約の内容は、その就業規則で定める労働条件によるものとする。ただし、労働契約において、労働者及び使用者が就業規則の内容と異なる労働条件を合意していた部分については、第12条に該当する場合を除き、この限りでない。

民法　債務不履行（415条）、不法行為（709条）
刑法　強要罪（223条）

第7章　ハラスメントに関するトラブル

解 説

顧客への土下座による謝罪命令を拒否した従業員を懲戒処分にする

1 業務命令権の意義と根拠

⑴意義

　　　上司が部下に対して業務の遂行を命じる場合に、よく「**業務命令**」という言葉が使われますが、使用者(使用者から権限を与えられた上司・上長を含みます)は、労務の指揮それ自体にとどまらず、業務の遂行全般について必要な指示・命令を発することができる権利を有しています。これを「**業務命令権**」と呼ぶのです。

　これには企業秩序の維持に必要な、経営秩序に関する規律や施設管理、企業外での労働者の規律、健康診断の受診、調査への協力、さらには、配転や昇格・昇進等の人事配置機能も含まれます。

　したがって、部下の従業員が上司らの命令に従わないときは、「**業務命令違反**」となり、就業規則および個々の労働契約に定める規定の解釈いかんによっては、懲戒処分を科せられる場合もありえるのです。

⑵根拠

　そこで、問題となるのは、この「業務命令権」の**法的根拠**です。

　この点について、業務命令権は、労働者が**労働契約**によって、労働力の処分権を使用者に委ねたことによって、使用者が取得する基本的な権限であると解されています。また、使用者は、労務の指揮それ自体にとどまらず、業務の遂行全般について労働者に対し必要な指示・命令を発することができます。この業務命令が就業規則の合理的な規定に基づく相当な命令である限り、就業規則の労働契約規律効(**労契法7条**)によって、労働者は、その命令に従う義務を有すると解されています。

　いいかえれば、「業務命令権」は労働契約を根拠とし、労働者は労務提供義務を負う以上、その義務の履行のために使用者の指示・命令に従わなければならないということになります。

209

2 業務命令権の限界

では、労働者に対する「指示・命令」なら、当該労働者はどんな命令にも従わなければならないのかといえば、そうではありません。以下のような限界が存在します。

⑴「合理的な規定に基づく相当な命令」であること

この「指示・命令」には、「就業規則の合理的な規定に基づく相当な命令である限り」という制限がついているため、命令なら何でもできるということにはなりません。合理性や相当性を逸脱した「指示・命令」は、業務命令権の濫用として、無効と判断されることになります。

したがって、無効となればその「指示・命令」は法的拘束力を有しないのですから、たとえ、労働者が「指示・命令」を無視、拒否して従わなかったとしても、当然、懲戒処分の対象となることはありません。

⑵業務命令の効力

次の問題は、業務命令は、どのような場合に有効となり、無効となるのかという**「業務命令の限界」**に関する問題です。

業務命令権の根拠は労働契約にありますから、業務命令権の限界も当然、労働契約の内容に従って判断されることになります。

また業務命令の内容が、契約内容そのものでなくても、それに付随するものであるなら、就業規則の合理的解釈によって、広く労働提供義務の範囲内に含まれると解することができます。

例えば、営業課員として雇用された労働者が、本来の仕事は「営業」を主体としたものだとしても、これに付随した関連部署のイベントや行事等の手伝いを業務として行うよう命じられることもありえるわけです。

そうした場合のイベント等の支援に対する「業務命令」は、社会通念上、合理性・相当性が認められる範囲内のものと判断することができるので、その「業務命令」は問題のない有効なものとして判断されるでしょう。

しかし、一方で、例えば、懲罰や見せしめの目的をもって屈辱的な行為や無意味な作業等を命令する場合には、合理性・相当性を欠くものとして、業務命令は

無効と判断されるでしょう。

　こうしたことから、業務命令の限界の判断（業務命令の無効・有効の判断）は、業務上必要かどうか、いじめ等の目的で行われた不当なものかどうか等の点が、判断基準となります。

3 「土下座」と合理性・相当性

　さて、本ケースにおいて問題となるのは、店長が「土下座」を命じたことについて合理性・相当性が認められるかどうかです。

　例えば、従業員が得意先や顧客等に迷惑や不愉快な思いをさせ、会社としてまた店舗として謝罪しなければならない場合は、上司や店長が、部下等に対して顧客等への謝罪を命じることは業務命令権の適正な行使といえるでしょう。

　では、「土下座」を命じることが業務命令権の適正な行使といえるかといえば、たしかに、「土下座」は、謝罪の最大級の表現の方法としてその効果が一部認められ、業務上必要に迫られる場面のあることは否定できないことも事実です。

　しかし、謝罪の方法として「土下座」をするかどうかは、あくまでも個人的自由に属する事柄であり、しかも、「土下座」は個人の尊厳を著しく損なう行為である以上、それを強要することは合理性・相当性を逸脱し、業務命令権の正当な行使とはいえません。会社側があくまで「土下座」を強要するならば、それは、会社が従業員の人権を守るべき義務を怠ったという点で、債務不履行責任を問われ、そうでなくても不法行為責任（**民法709条**）を追及されることになるでしょう。また、強要行為は、ときには刑事事件に発展する可能性もあります。

　こうした点を考えれば、本ケースの場合において、店長（X社）が販売従業員Yの意に反して「土下座」を強要することはできません。

　したがって、こうした業務命令は無効ですから、「土下座命令」に従わなかったことを理由に、販売従業員Yを懲戒処分にすることはできないと判断するのが妥当でしょう。

参考:「土下座」と刑事事件
近時、「土下座」を強要して、強要罪等で逮捕される事件が目につきます。強要罪(刑法223条)とは、被害者個人の意思決定の自由や身体活動の自由を保護することを目的として刑法に規定された犯罪で、権利の行使を妨害し義務なきことを強制することで成立します。

事例 43

セクハラ社員に関する問題

　女性社員Yが、同じ課の男性社員から、仕事の帰りに執拗に食事に誘われたり、家に何度も電話をしてくる等の嫌がらせを受けているので、出社しづらいと訴えてきました。このような場合、会社としてはどのように対処すればよいのでしょうか。

ANSWER

男女雇用機会均等法 11条

（職場における性的な言動に起因する問題に関する雇用管理上の措置）

第11条　事業主は、職場において行われる性的な言動に対するその雇用する労働者の対応により当該労働者がその労働条件につき不利益を受け、又は当該性的な言動により当該労働者の就業環境が害されることのないよう、当該労働者からの相談に応じ、適切に対応するために必要な体制の整備その他の雇用管理上必要な措置を講じなければならない。

2　厚生労働大臣は、前項の規定に基づき事業主が講ずべき措置に関して、その適切かつ有効な実施を図るために必要な指針（次項において「指針」という。）を定めるものとする。

3　第4条第4項及び第5項の規定は、指針の策定及び変更について準用する。この場合において、同条第4項中「聴くほか、都道府県知事の意見を求める」とあるのは、「聴く」と読み替えるものとする。

判　例　福岡セクハラ事件・福岡地判平4.4.16

セクハラをする社員

1 セクシュアルハラスメントの態様

今回のケースは、セクシュアルハラスメント(セクハラ)に該当する問題のため、使用者側としてもその観点からの対応が求められます。

セクシュアルハラスメント(以下、「セクハラ」といいます)には、「対価型」と「環境型」の二つに分類することができます。

(1)「対価型」

「対価型」とは、職場において行われる労働者の意に反する性的な言動に対する労働者の対応により、当該労働者が解雇、降格、減給等の不利益を受けることをいいます。

例えば、人事権等を握っている管理者が社員に交際を求めたところ断わられ、その報復として、社員の嫌がる仕事に配置転換したり、人事考課を悪くしたりというケースが考えられます。

(2)「環境型」

一方、「環境型」とは、職場において行われる労働者の意に反する性的な言動により労働者の就業環境が不快なものとなったため、能力の発揮に重大な悪影響が生じる等当該労働者が就業するうえで見過ごせない程度の支障が生じることをいいます。

例えば、職場において、課長が労働者の身体に触ったため、当該労働者が苦痛に感じて就業意欲が低下しているケース等が考えられます。

2 男女雇用機会均等法上の義務

このセクハラに対しては、男女雇用機会均等法によって、事業主に雇用管理上の措置義務が定められています。それによると、次のような配慮を行わなければなりません。

① 事業主の方針の明確化およびその周知・啓発

② 相談・苦情への対応

③ 職場におけるセクシュアルハラスメントが生じた場合における事後の迅速
　かつ適切な対応

　具体的には、①に関しては、社内報やパンフレットによってセクハラの防止を訴え
たり、就業規則にセクハラを禁止する規定を設ける等の対策が考えられます。この
際、就業規則の服務規律の項に規定するだけではなく、懲戒規定のなかにも規定
するとよいでしょう。

　②に関しては、相談・苦情に適切に対応できるようなマニュアルを作り、相談窓
口を設けたりする等の対策があります。この際、形式的な対応にとどまらないように、
窓口には同性の従業員を配置する等の実質的な対応がとれるように配慮することが
重要です。

　③に関しては、相談担当者や人事部門、専門の委員会等により事実確認を行い、
その結果によっては、配置転換等の措置をとったり、就業規則に基づいて懲戒処
分に処すること等が考えられます。

　これらの措置を事業主が怠ると、社員がセクハラを行い、その事実が発覚した
場合には、本人だけではなく、会社側も責任を負うことになり、場合によっては、損
害賠償責任を負うこともあります。

3 セクハラかどうかの判断基準

　セクハラに該当するか否かの判断基準は、被害者の基準なのか、会社の基準
なのか、それとも世間一般の基準なのか判断に迷うところです。

　対価型のセクハラであれば、実際に不利益が生じたかどうかの判断もつきやすい
のですが、環境型のセクハラの場合本人の主観による部分が大きいため、判断が
難しくなります。そのため、この場合の判断基準は、次のようなことを考慮するとよ

いでしょう。

① 従業員が不快に感じているかどうか
② 普通ならば不快に感じるかどうか
③ 繰り返し行われていたり、1回であったとしても重大で悪質であること

ただし、この基準は法律で定められたものではなく、過去の裁判例等からの一般的な基準ですので、参考程度としてください。

4 会社の心構え

会社としては、セクハラは重大な労働問題であることを認識することが大切です。そのため、就業規則において、服務規律の一環として規定するのではなく、1項目として規定したほうがよいでしょう。

そこには、セクハラの禁止、相談窓口の設置、懲戒処分の対象行為となることを規定します。そして、その就業規則の内容を周知することによって、従業員のセクハラに対する意識を高めることができます。

なお、被害者は女性に限定されず男性も対象としていることに注意が必要です。

5 関連判例　福岡セクハラ事件（福岡地判平4.4.16）

部下の女性の異性関係等につき、上司が職場の内外で悪評を流布した行為が、当該女性の人格権を侵害するもので不法行為が成立するとして、慰謝料の支払が命ぜられた事例で、セクハラ問題のリーディングケースです。

使用者は、被用者の労務遂行に関連して、被用者の人格的尊厳を侵しその労務提供に重大な支障を来す事由が発生することを防ぎ、またはこれに適切に対処して、職場が被用者にとって働きやすい環境を保つよう配慮する注意義務があり、被用者らを選任、監督する地位にある専務がこの義務を怠ったときは、使用者責任が発生するとして、会社に対し慰謝料の支払が命ぜられました。

マタハラに関する問題

先日、妊娠中の従業員Yが軽易な業務にかわりたい旨申し入れてきました。職場の現状を考えると、適当な仕事が見当たらず、場合によってはこれを契機に降格措置をとることもやむをえないかと思っています。こうした会社側の意向を知ったYは、「これはマタハラだ」といって怒りをつのらせており、担当者は対応に苦慮しています。会社（X社）として、Yに降格措置をとった場合、どうなるでしょうか。マタハラ防止対策とあわせ、ご教示ください。

ANSWER

男女雇用機会均等法 9条3項

（婚姻、妊娠、出産等を理由とする不利益取扱いの禁止等）

第9条　事業主は、女性労働者が婚姻し、妊娠し、又は出産したことを退職理由として予定する定めをしてはならない。

2　事業主は、女性労働者が婚姻したことを理由として、解雇してはならない。

3　事業主は、その雇用する女性労働者が妊娠したこと、出産したこと、労働基準法（昭和22年法律第49号）第65条第1項の規定による休業を請求し、又は同項 若しくは同条第2項の規定による休業をしたことその他の妊娠又は出産に関する事由であつて厚生労働省令で定めるものを理由として、当該女性労働者に対して解雇その他不利益な取扱いをしてはならない。

4　妊娠中の女性労働者及び出産後1年を経過しない女性労働者に対してなされた解雇は、無効とする。ただし、事業主が当該解雇が前項に規定する事由を理由とする解雇でないことを証明したときは、この限りでない。

民法　415条・709条・715条

（債務不履行による損害賠償）

第415条　債務者がその債務の本旨に従った履行をしないときは、債権者は、これによって生じた損害の賠償を請求することができる。債務者の責めに帰すべき事由によって履行をすることができなくなったときも、同様とする。

（不法行為による損害賠償）

第709条　故意又は過失によって他人の権利又は法律上保護される利益を侵害した者は、これによって生じた損害を賠償する責任を負う。

（使用者等の責任）

第715条　ある事業のために他人を使用する者は、被用者がその事業の執行について第三者に加えた損害を賠償する責任を負う。ただし、使用者が被用者の選任及びその事業の監督について相当の注意をしたとき、又は相当の注意をしても損害が生ずべきであったときは、この限りでない。

2　使用者に代わって事業を監督する者も、前項の責任を負う。

3　前2項の規定は、使用者又は監督者から被用者に対する求償権の行使を妨げない。

判例　広島中央保健生協事件・最判平26.10.23

解説

妊娠中の軽易業務転換と降格

1 「マタハラ」とは

　近時、**男女雇用機会均等法9条3項**の「妊娠・出産等を理由とする不利益取扱いの禁止」に関するトラブルが増える傾向にあります。

「**マタハラ**」とは、**マタニティ・ハラスメント**を略したものです。法律上の明確な定義はありませんが、一般的に、①職場における女性に対して妊娠・出産等を理由とする解雇・雇止め等の不利益取扱いをすること、②職場における女性の妊娠・出

産等にあたり精神的・身体的苦痛を与えることまたは職場環境を害すること等と解されています。今では、「セクハラ」、「パワハラ」とともに三大ハラスメントの一つとされています。

本ケースもマタハラが問題となるケースですが、妊娠経験者の約4人に1人がマタハラを経験しているともいわれています。

こうした状況のなかで、平成26年には、マタハラ問題に関し最高裁の新たな判断も示されており、現場での対応は急務となっています。

② 違法なマタハラ言動と男女雇用機会均等法9条3項

そこで問題となるのは、どのようなマタハラ問題に関する言動が実際に違法となるのかです。この点について、男女雇用機会均等法は、9条3項で規定を設けて、「妊娠・出産等を理由とする不利益取扱いの禁止」を明示しています。

したがって、事業主が妊娠・出産等に関する権利を行使する女性労働者に対して不利益取扱いをする場合は、その措置は同条違反として違法・無効とされます。

⑴ 使用者による「妊娠・出産等を理由とする不利益取扱い」とは

では、「妊娠・出産等を理由とする不利益取扱い」とはなんでしょうか。言葉をかえれば、妊娠・出産等に関する権利を行使する女性労働者に対する事業主のどのような言動・措置が不利益取扱いとなり、禁止の対象となるのかということです。

具体的には次のような場合は、違法となりますので、使用者は細心の注意が必要です。

① 妊娠・出産・産休を請求、取得したことを理由とする解雇・退職強要をした場合

② 有期契約労働者を期間の定めがあることを理由に、妊娠等を契機に期間満了で打切る場合

③ 妊産婦が時間外・休日・深夜労働、変形労働制をやめさせてほしい、軽易業務に転換してほしいと希望したのに、使用者がこれを拒否した場合

④ 妊娠出産に伴う身体的トラブルが生じた妊産婦は、医師等の診断等に基づき作業軽減、時間短縮、休業等の措置を講じることが必要とされるが、使用者がこれを理由に解雇や降格、不利益な配転等をする場合

⑵同僚等によるマタハラ行為と法的責任

　職場においては、同僚等の無理解なマタハラ言動により、マタニティ女性が精神的苦痛等を受ける場合も少なくありません。同僚等が精神的・身体的苦痛を与えたことまたは就業環境を害する言動を行い、それが、人格権等を侵害する不法行為（民法709条）にあたる場合には違法と判断され、損害賠償責任を負わなければなりません。

　この場合において、使用者がそうした行動により、当該女性労働者の就業環境が害されていることを認識していながら、放置したままなんらの措置もとらなかった等の場合には、使用者の**職場環境配慮義務違反**（民法415条）や**使用者責任**（民法715条）等の法的責任を問われます。

　使用者責任とは「ある事業のために他人を使用する者は、被用者がその事業の執行について第三者に加えた損害を賠償する責任を負う」というものです。簡単にいえば、労働者が会社の業務に関して第三者に不法行為（民法709条）を働いた場合、その不法行為について、使用者が損害賠償責任を負う（民法715条）というものです。使用者は労働者を使用して企業活動を行い利益を得ていることから、労働者が第三者に対して与える損害もまた負担するのが公平に適うという「**報償責任の原理**」に基づくものです。

　民法715条1項但書では、「ただし、使用者が被用者の選任及びその事業の監督について相当の注意をしたとき、又は相当の注意をしても損害が生ずべきであったときは、この限りでない」として、使用者が被用者の選任監督に相当の注意をした場合等は責任を免れる旨の規定をおいていますが、実際の裁判例において、それらが認められることはほとんどなく、**事実上の無過失責任**に近い運用がなされています。つまり、使用者責任に関しては、マタハラ問題に限らず、まずは従業員本

人に不法行為責任を発生させないようにすることがポイントとなるということです。

⑶増える「マタハラ問題」相談—訴訟に至る例も

しかし、「マタハラ問題」は女性の社会進出に伴い、増加の一途をたどるとともに、深刻な労働問題となってきており、行政機関等への相談や労使間の争いが絶えず、訴訟に持ち込まれるケースも少なくないのが現状です。

参考：「マタハラ問題」をめぐる最新動向

厚生労働省が公表した「平成25年度都道府県労働局雇用均等室での法施行状況」によると、女性労働者からの相談内容の中で、均等法9条関係（妊娠・出産等を理由とする不利益取扱い）が2,090件（全体の18.9％）で、前年に比べて269件（14.8％）増えています。

ちなみに、例年相談件数の大半を占めていた11条関係（セクシュアルハラスメント）は6,183件（全体の55.9％）と、前年に比べて204件（3.2％）減っています。

---

3 判例の立場

では、「マタハラ問題」をめぐる裁判において、裁判例はどのような判断を示しているでしょうか。

・最高裁の新たな判断枠組み

最新判例として、**広島中央保健生協事件**（最判平**26.10.23**）があり、最高裁の新たな見解を明確に打ち出しています。今後のマタハラ問題解決にとって、必須の知識となりますので、詳しくみてみましょう。

この事件は、X社の副主任の職位にあった労働者Yが、労働基準法65条3項に基づき妊娠中の軽易な業務への転換を請求したところ、①副主任を免ぜられ（本件措置1）、②育児休暇明けの復帰後も副主任に任ぜられなかったこと（本件措置2）につき、X社側の両措置はそれぞれ男女雇用機会均等法9条3項等違反にあたり無効であると主張して、副主任の地位確認、支給されなかった副主任手当等の損害

賠償を求めたものです。

　この判決において、最高裁は、男女雇用機会均等法9条3項について以下のような新たな判断枠組みを示し、かかる判断枠組みに従って判断するよう審理不尽を理由に広島高裁に差し戻しました。

判例：妊娠中の軽易業務への転換を契機とした降格は、違法・無効

① 均等法9条3項の規定は、強行法規として設けられたものと解するのが相当であり、女性労働者につき、妊娠・出産・産前休業の請求・産前産後の休業または軽易業務への転換等を理由として解雇その他の不利益な取扱いをすることは、同項に違反するものとして違法であり、無効であるというべきである。

② 一般に降格は、労働者に不利な影響をもたらす処遇であるところ、均等法1条および2条の規定する同法の目的及び基本理念やこれらに基づいて同法9条3項の規制が設けられた趣旨および目的に照らせば、女性労働者につき、妊娠中の軽易業務への転換を契機として、降格させる事業主の措置は、原則として同項の禁止する取扱いに当たるものと解される。

　最高裁は、男女雇用機会均等法9条3項は「強行法規」であり、妊娠中の軽易業務への転換を契機として降格させる事業主の措置は、原則、男女雇用機会均等法9条3項の禁止する取扱いにあたり、違法・無効であるとしました。

　ただし、以下のような場合は同項の禁止する取扱いにはあたらないと、判決は指摘しています。

---

① 当該労働者が軽易業務への転換および上記措置により受ける有利な影響並びに上記措置により受ける不利な影響の内容や程度、上記措置にかかる事業主による説明の内容その他の経緯や当該労働者の意向に照らして、当該労働者につき自由な意思に基づいて降格を承諾したものと認めるに足り

第7章　ハラスメントに関するトラブル

る合理的な理由が客観的に存在するとき。

② 事業主において当該労働者につき降格の措置をとることなく軽易業務への転換をさせることに円滑な業務運営や人員の適正配置の確保などの業務上の必要性から支障がある場合であって、その業務上の必要性の内容や程度および上記の有利または不利な影響の内容や程度に照らして上記措置につき、同項の趣旨および目的に実質的に反しないものと認められる特段の事情が存在するとき。

　しかし、この例外はあくまで限定的なもので、例外の存否の判断についても、厳格な判断枠組みを課しています。

4 今回のケースの場合

　今回のケースの場合はどう判断すべきでしょうか。最高裁判例をもとに総合考量しますと、事業主は妊娠中のYの軽易業務への転換を契機として降格させることを検討中のようですが、そうした措置がとられたときは、原則、男女雇用機会均等法9条3項の禁止する不利益取扱いにあたると判断されることになるでしょう。

223

第 **8** 章

「問題社員」に関するトラブル

飲酒運転事故を起こした社員に関する問題

営業を行っている社員Yが、業務終了後に酒を飲み、酔ったままで車を運転し、事故を起こしました。そのため、免許取消処分になってしまい、日常の営業活動ができなくなってしまいました。この場合、会社としてはどのような対応をすればよいのでしょうか。

ANSWER

就業規則の整備

解説

飲酒運転をして事故を起こした社員

1 業種によっては解雇もできる

タクシーやトラックの運転手等のように、免許や資格がなければ従事できない職種があります。これらは運転免許証がなければ、これまでの業務に従事できないことになります。また、営業職で外回りに車を使わなければならない社員のように、自動車を運転できないとそれまで携わってきた仕事ができない場合も同様です。

このように、運転免許が業務上必要であるにもかかわらず、免許取消しの処分を受けた場合には、労務の提供ができなくなるわけですが、職種限定採用である場合には、雇用契約の履行ができなくなりますので、場合によっては解雇もありえるでしょう。

また、職種限定採用でない場合であれば、配置転換をすることによって、免許や資格の必要のない仕事に就かせることもできます。会社にとって必要な社員であれば、免許を再取得するまでは、配置転換をしてほかの職種に就かせることも考えられます。また、営業職等では、公共交通機関を利用して従前の業務を行わせることも可能です。

なお、免許を取り消されたことを理由として解雇をする場合は、業務との関連性が必要です。免許を取り消された社員が行っていた業務がその免許との関連性がない場合には、不当な解雇となりますので、注意が必要です。

２ 免許停止処分の場合

自動車事故を起こした場合には、免許取消処分だけではなく、免許停止処分もありえます。免許停止処分であっても、一定期間は自動車の運転はできなくなるので、業務に支障をきたすことが考えられます。

ただし、免許取消処分と違い、免許停止処分は1か月程度で解除されることもあるため、一時的に免許停止処分になっただけで解雇にするのは厳しすぎる処分といえます。

そのため、免許停止処分となった場合には、配置転換をしたり、休職処分にしたりする等して対応するのが無難でしょう。

３ トラブルになったときのために

飲酒運転に限らず、交通事故を起こした場合には、社員自身が長期の療養を強いられることもあります。そのような場合のために、休職扱いができるように、就業規則を整備しておく必要があります。

さらに、事故の被害者に対して損害賠償を行わなければならないことも考えられます。事故が業務時間中のものであれば、会社の使用者責任も問われるからです。この場合、全額本人に賠償させることはできず、会社に社員より多くの賠償額の支払を命じた判例もあります。

これは、通勤中の事故でも同様に考えられることがあります。そのため、通勤手段としてマイカーを使う場合は、一定額以上の任意保険に入っていることを条件とする等何らかの対策をとるようにするとよいでしょう。

また、マイカー使用を認めている会社については、その使用範囲によって、会社が負うべき責任の範囲が異なってきます。マイカーの使用を通勤にのみ認めるのか、

あるいは業務使用を認めるのかといったことを就業規則のマイカー使用等でしっかりと示しておく必要があります。

マイカーの使用を全面的に禁止する場合でも、社有車の運行管理、安全運転管理、事故対応について規程を整備しておくべきです。社有車の使用を認める者の範囲や、社有車の使用手続、安全運転の意識づけ、事故が発生した場合の対応方法等、徹底した車両管理が求められます。

さらに、トラブルになる前の段階として、お酒を飲んだら車を運転しない、という教育を普段から行っておくことも大切です。そして、事故を起こさなかった場合でも、飲酒運転をしていた事実が発覚したら、厳重に注意しておくことが必要です。

残業拒否をする社員に関する問題

業務の都合でどうしても残業をしてもらう必要が生じたため、社員に残業を命じたところ、そのうちの1人が私的な用事があるからといって、帰ってしまいました。このような社員を放置しておくと他の社員に示しがつかないので厳しく処分したいのですが、何か問題はないでしょうか。

ANSWER

就業規則の定めによる対策

解説 残業を拒否する社員

1 労使協定を締結することが必要

労働時間は、原則として「1日8時間、1週40時間」とされています（**労基法32条**）。これを超える時間、労働することを時間外労働といいますが、変形労働時間制を導入していない限り、上記原則時間を超えて労働させることはできません。

ただし、会社によっては、それでは仕事にならない場合もあります。そのため、労働基準法では労使協定を締結し、当該事業場の所在地を管轄する労働基準監督署長に提出した場合は、その協定の定めるところにより、労働を延長したり、休日労働を行わせることができると規定しています（**労基法36条**）。

この労使協定は正しくは「時間外労働・休日労働に関する協定届」といいますが、通常は「三六（サブロク）協定」と呼ばれています。これは、根拠条文が労働基準法36条であるからです。

ただし、この三六協定を締結して届出をすれば、「1日8時間、1週40時間」を超えて労働させても違法ではありませんが、「時間外労働や休日労働をさせても違法ではない」という免罰効果をもたらすに過ぎず、それだけでは時間外労働をさせるこ

とはできません。三六協定は合法的に時間外・休日労働を行わせるための一要件
に過ぎないのです。

2 就業規則の定めも必要

三六協定の締結の他に、就業規則に規定しておくことも必要です。この就業規
則の規定の内容が合理的であれば、就業規則の適用を受ける従業員に対し残業
を行わせることができるとされています。

労使協定と、就業規則の定めの両要件が整っていれば、残業を命じることがで
きます。また、その命令に反して残業を拒否する従業員に対しては何らかの懲戒
処分を科すこともできます。

3 トラブルを避けるために

ほとんどの会社で時間外労働や休日労働が必要なケースがあると思われますが、
これらを合法的に行うためには、前述で説明したように、三六協定の締結と届出が
必要であり、さらに業務命令で行うためには、就業規則に規定しておくことが必要
です。

これらの要件が整っていない場合、どうしても残業が必要だとしても、従業員が
プライベートな理由で残業を拒否しても、強い姿勢で臨めないというデメリットがあり
ます。労務管理の面からいっても、業務命令に背く社員に強い姿勢で臨めないとい
うことは好ましくありません。

また、前述の二つの要件を整備していない状態で、経営者の恣意的な判断で
従業員を処分してしまうと、トラブルに発展することもあります。就業規則の定めが
ないのに、残業を拒否した従業員を処分した場合、その従業員が労働基準監督
署に申告や相談を行った場合、会社は何らかの指導を受けることになります。こう
なると、会社としては役所や従業員に対抗することはできません。

こういったことは、企業としてコンプライアンス（法令遵守）の点からは当然のことで
すし、労務管理におけるリスクマネジメントの一つですので、しっかり確認してくださ

い。もし、要件が整っていないのなら、要件整備を急いでください。

４ パートタイマー・アルバイトに残業させる場合の注意点

　パートタイマーは所定労働時間が6時間等、一般の従業員より短いことが多くあります。このような従業員に対しても残業させることはできます。この場合においては、1日の労働時間が所定労働時間を含めて8時間に達するまでは三六協定の締結・届出がなされていなくても違法にはなりません。これを法内残業といいます。

　もちろん、8時間を超える時間外労働に対しては三六協定の締結等、一般社員と同様の要件を整えなければなりません。

　パートタイマーに残業命令ができるかどうかは、就業規則の規定によることになりますが、パートタイマーには主婦が多いことから、注意が必要です。

　主婦をパートタイマーとして採用する場合、家事や育児があるため残業ができず、採用時の個別の労働契約で残業をしない（させない）という内容を締結していることもあるからです。

　個別の労働契約が就業規則の内容を上回る基準を定めている場合、個別の労働契約の内容が優先するので、「残業をしない（させない）」という労働契約を結んだパートタイマーに対しては、就業規則の規定を理由として、法内残業も含めて残業を命じることはできないのです。

　アルバイトにも同様な注意が必要となります。アルバイトで特に気をつけなければならない点には、アルバイトには学生が多いということです。18歳以下の者もいるため、この者には、原則として、午後10時以降の深夜業は禁止されています。よって、残業をさせる場合には、注意が必要です。

５ 関連判例
・日立製作所武蔵工場事件（最判平3.11.28）
【事案】出勤停止や譴責処分を受けた労働者が、三六協定に基づいて使用者の命じた残業を拒否し、かつ、残業拒否に対する始末書の提出命令にも従わなかった

ことは、就業規則所定の解雇事由に該当するとして懲戒解雇された事例です。

【判旨】労働基準法32条の労働時間を延長して労働させることにつき、使用者が当該事業場の労働者の過半数で組織する労働組合等と書面による協定(いわゆる三六協定)を締結し、これを所轄労働基準監督署長に届け出た場合において、使用者が当該事業場に適用される就業規則に当該三六協定の範囲内で一定の業務上の事由があれば労働契約に定める労働時間を延長して労働者を労働させることができる旨を定めているときは、当該就業規則の規定の内容が合理的なものである限り、それが具体的労働契約の内容をなすから、就業規則の規定の適用を受ける労働者は、その定めるところに従い、労働契約に定める労働時間を超えて労働をする義務を負うものと解するを相当とする。

協調性に欠ける社員に関する問題

事例 47

当社で営業戦略を練る企画部門のYは、他の仲間に非協力的で、自分勝手に作業を行っています。その部門は、チームで仕事をしているので、チームの仕事が滞ってしまい、管理者も困っているようです。また、チームの仲間からも、彼を外してほしいという要望が出ています。しかし、その社員は企画部門に配属することを条件として雇い入れているので、処遇に困っているところです。この場合、どのような対策があるでしょうか。

ANSWER

解説

協調性に欠ける社員

1 協調性がないという理由だけでは解雇は難しい

チームを組んで仕事をする場合や、小規模の事業場等では、協調性を持って仕事に取り組むことは必要不可欠です。このような場合に、非協力的で自分勝手に行動する社員がいると組織の秩序を乱す結果となることが多くあります。

このような職場環境を悪化させる社員は、最悪の場合解雇することも可能です。判例においても、協調性に欠ける社員の解雇を認めたものが数多くあります。

しかし、解雇を認めた判例においても、協調性に欠けることのみをもって、解雇を有効としているわけではありません。

その他に、社員の協調性に欠ける行動が原因で会社が被った損害が明確でなければなりません。会社に特段の被害が生じていなかったり、当該社員に改善の余地があったりする場合等には、解雇が無効とされることもあります。

今回のケースにおいては、チームとしての機能が滞っている、計画が遅れている

等の具体的な被害が発生しているので、解雇することも可能ではあります。

2 解雇する際の注意点

　解雇が可能であるといっても、従業員が解雇の無効を主張してくることも考えられます。その場合に、会社側が解雇の正当性を主張するポイントとしては、社員が非協力的な行動をとる等、協調性に欠けることがあったときに、その都度注意・指導していくことが必要です。そして、その記録を残しておくようにします。

　万が一、注意や指導をしなかったとしても、指導しなければならなかった行動や出来事、その経過や結果についてきちんと記録しておけば、トラブルになったときにも正当性を主張するのに有効です。

　また、ある程度の規模の会社であれば、配置転換も考えなければならないでしょう。ただし、今回のケースのように、職種限定で採用している場合等はできません。

3 労務管理上の注意点

　協調性に欠ける社員にもさまざまなタイプがあります。性格的に協調性が欠けている場合もありますが、職場環境によって協調性を失っている場合もありますので注意が必要です。

　心理学者のマズローは、人間の基本的欲求は並列的に並んでいるのではなく、低次元のものから高次元のものへと段階をなしているという欲求5段階説を唱えています。この説は具体的には、

① 生理的欲求

② 安全の欲求

③ 社会的欲求

④ 自我の欲求

⑤ 自己実現の欲求

の順に、一つの欲求が満たされると次の高次の欲求が顕在化し、その都度欲求を満たしたいという動因が働き、それがやる気を生むと説きました。

つまり、ある段階の欲求が満たされると、次の段階の欲求を満たしたくなってくるという説です。

例えば、「眠い」「空腹である」という欲求（①の生理的欲求）が満たされると、次は「落ち着いてすごしたい」という欲求（②の安全の欲求）が生じてきます。さらに、それが満たされると、「どこかに所属したい」という欲求（③の社会的欲求）を満たそうとするのです。

一般的な労働者であれば、たいていは③の社会的欲求までは満たされているのではないでしょうか。

つまり、一般的にいって、会社の従業員であれば、④段階の自我の欲求を満たそうとするか、それが満たされていれば、⑤段階の自己実現の欲求を満たそうとしているといえるでしょう。

ここで、協調性に欠ける社員について考えてみますと、④段階の自我の欲求が満たされていないことが原因の場合があります。

自我の欲求とは、「他人に認められたい」という承認欲求のことです。協調性に欠ける社員の場合、他人に認められたいと思っていても、よい評価を得て認められることができないため、本能的に悪いことをして認められようとするのです。

会社としては、このようなタイプの協調性に欠ける社員に対しては、じっくりと話合いを行い、当人のよい部分を認める配慮をすることによって、問題が解決する場合もあります。法律や就業規則の定めからは離れてしまう解決法ですが、これもまた、「労働法だけでは労使トラブルは解決できない」ということの表れです。

社内恋愛で業務に支障をきたす社員の問題

事例 48

　既婚の男性社員Yは、同じ部署の未婚の女性社員Zと不倫関係にあるとのうわさがあります。当社はサービス業でYの担当する顧客によからぬうわさが広がり、最悪の場合、取引中止にならないかと心配です。社外にうわさが広がった場合、会社の社会的なイメージが低下することは避けられないので、この両者を解雇したいと思っています。不倫関係にあるという理由で解雇することは可能でしょうか。

ANSWER

就業規則の服務規律による対応

解説

社内恋愛をして、業務に支障をきたす社員

1 恋愛に対して会社が介入することはできない

　恋愛は私的行為であるため、その関係に会社がとやかく口を挟むことはできません。当然、恋愛行為を理由として、何らかの懲戒処分をすることもできないことになります。もちろん、恋愛を理由とする解雇も許されません。

　ただし、社内恋愛をしているために、仕事に支障が出るようであれば、それは問題です。例えば、仕事が進まないとか、周りに悪影響を与えるほど男女がベタベタしている等の実害が発生していれば、注意をすることもできますし、何らかの処分をすることも可能です。

　このようなケースで、よくある対処の仕方に、配置転換を行うというものがありますが、社内恋愛や社内不倫というだけでは配置転換の理由とはならないでしょう。なぜなら、業務に相当程度の支障が生じていなければ、業務上必要な処分とはいえないからです。

ただし、両者の関係がうまくいっている場合には、目立った影響がなくても、その関係が崩壊した後では、円滑な業務の遂行ができないこともよくあります。特に両者が同じ部署であればなおさらです。業務が円滑に進まないことは会社にとっては損害となるので、労務管理上からも、配置転換は仕方がない対応といえます。

また、うわさが外部に広がることを心配するという点についても、実際に問題が生じる前には処分はできないでしょう。企業イメージが特に重要である会社であっても同様です。

2 服務規律違反を問うことはできる

しかし、社内恋愛がエスカレートして、休憩時間から帰ってくるのが遅いことが多いとか、会社のEメールで私的なメール交換をしたり、携帯電話やスマートフォンで業務時間中に頻繁に連絡をとりあったりする等の行動があれば、服務規律違反を問うことができます。服務規律に違反しているのですから、注意をして改めさせることは可能です。

この注意の後に引続き違反をしている者に対しては、懲戒処分の対象とすることができます。この際、いきなり減給等の重い処分にするのではなく、まず、訓戒等の軽い処分にとどめたほうがよいでしょう。懲らしめるためではなく、諭すための意味あいでの処分とし、重大な就業規則違反とは取扱いを区別することが重要でしょう。

3 労務管理上の注意点

社内恋愛自体は特に悪いことではなく、社内恋愛が原因で会社に迷惑をかけることが問題なのです。不倫関係も含め、社内恋愛それ自体に関しては規制を設けることは避けましょう。感情的な問題であるため、会社として感情をコントロールすることはできませんし、個人的な事情に関して、問題が起きる前から過度に干渉することは避けなければなりません。

定期健康診断の受診拒否に関する問題

事例 49

会社の定期健康診断を拒否する者がいて頭を痛めています。最近はこうした拒否者が増える傾向にあります。会社の実施する健康診断を受けない者に対して、懲戒処分をすることは可能でしょうか。

ANSWER

就業規則の活用

判 例 愛知県教委事件・最判平13.4.26

帯広電報電話局事件・最判昭61.3.13

健康診断拒否と懲戒処分

解 説

1 健康診断の実施義務と受診義務

労働安全衛生法は、事業者に対して健康診断の実施を義務づけていますが、その一方で労働者に対しても健康診断の受診を義務づけています(労働安全衛生法66条5項)。

事業者の指定した医師または歯科医師が行う健康診断を受けるのを望まない場合においては、他の医師または歯科医師の行うこれらの規定による健康診断に相当する健康診断を受け、その結果を証明する書面を事業者に提出しなければなりません(労働安全衛生法66条5項但書)。

2 判例の立場

一例を挙げれば、公立中学校教諭が労働安全衛生法上の定期健康診断における胸部X線検査を拒否したことにつき、最高裁は、以下の点を指摘して、学校長がそれを受診するよう命じたことは適法であるとしています(愛知県教委事件・最判平13.4.26。以下、文中法令等は当時のもの)。

238

まず市町村は、学校保健法（8条1項）（当時）により、毎学年定期に学校職員の健康診断を行わなければならず、結核の有無はエックス線検査により検査するものとしている。また、結核予防法（4条1項）（当時）は職員に対し、毎年度少なくとも1回エックス線検査の方法による健康診断を行うべきことを定めている。

②教職員は、労働安全衛生法（66条5項）（当時）および結核予防法（当時）（7条1項）により健康診断とエックス線検査を受診する義務を負う。

③学校保健法、結核予防法に定める結核の有無に関する検査は、教職員個人の保護に加え、結核が個人的にも社会的にも害を及ぼすことを防止する見地から行われるものである。

これらの点をその判断根拠として挙げ、「以上により、教職員はその職務の遂行にあたって労働安全衛生法、結核予防法の前記規定に従うべきであり、職務上の上司である学校長は、教職員に対し、職務上の命令として結核の有無に関するエックス線検査の受診を命ずることができる」と結論づけています。

また、同法上の健康診断ではなく、健康管理規程等により就業規則上受診義務に関する規定がある場合においても、最高裁は、「労働契約上、その内容の合理性ないし相当性が肯定できる限度において、健康回復を目的とする精密検査を受診すべき旨の健康管理従事者の指示に従うとともに、病院ないし担当医師の指定及び健康検査実施の時期に関する指示に従う義務を負担している」と判示し、受診義務を肯定しています（帯広電報電話局事件・最判昭61.3.13）。

3 健康診断受診拒否と懲戒処分

こうした点をふまえれば、これらの健康診断の受診を拒否し、かつ、労働安全衛生法上の検診については、他の医師による検診結果も提出しようともしない労働者に対しては、就業規則の規定に基づき、業務命令違反等を理由に懲戒処分に処することも許されるでしょう。

前述の愛知県教委事件（最判平13.4.26）でも、最高裁は、「受診拒否は懲戒事由にあたる」とした2審（名古屋高判平9.7.25）判断を相当として、当該教諭の上告を

棄却しています。

　こうした点を考慮すれば、今回のケースの場合においても、当該労働者に対して懲戒処分の措置を取ることは可能です。労働者に課せられている「健康保持義務」の観点から判断しても、使用者側の取った措置は、当然の措置といえるでしょう。

４ 労働者と健康保持義務

　使用者の責務として安全配慮義務等が課せられていますが、労働者も一般的に自己の健康管理について責任を持ち、快適な職場環境の維持・改善に努める義務を負っています。

　また、労働者は労働災害を防止するため必要な事項を順守し、使用者が実施する労働災害の防止に関する措置に対して協力する義務があります（労働安全衛生法4条）。これらの協力義務に違反する場合には、重大な服務規律違反として、懲戒の対象となるとされています。

５ 結論

　健康保持に関しては、本ケースで問題となった健康診断の受診義務のほか、健康保健指導の利用による健康保持（労働安全衛生法66条の7第2項）、面接指導を受ける義務（労働安全衛生法66条の8第2項）、健康教育等の利用による健康保持（労働安全衛生法69条2項）が定められていて、労働者の義務ないし努力義務とされています。

　結論としては、まず、健康診断の受診を拒む労働者に対しては、コミュニケーションをとりながら、説得して受診を勧めることが大事です。それでも納得してもらえない場合は、就業規則等労働契約上の根拠があれば、使用者の行う健康診断を受診しない労働者に対しては、業務命令違反を理由に懲戒処分をすることは可能です。

会社の備品を持ち出す社員に関する問題

事例 50

従業員Yが会社の備品であるデジタルカメラ等を勝手に持ち帰っていることが発覚しました。会社としては懲戒処分に処したいと思っているのですが、そのようなことは可能でしょうか。

ANSWER

民法 415条・709条
就業規則の規定の適用

解説 会社の備品を持ち出す社員

1 会社の備品を持ち出せば民事・刑事の責任を問われることに

　会社としては、業務遂行に必要な備品が、必要なときに備わっていなければ、企業活動に多大な影響を被りかねません。備品を管理するということは地味な作業でありますが、大切な仕事でもあります。

　一方で、会社の備品を勝手に持ち出し、私用に用いる者が出る場合があります。退職時に備品を持ち帰ってしまったり、返却をしなかったりする者もいます。

　当然、会社の備品を持ち出すことは違法であり、民事的には**不法行為**（民法709条）や**債務不履行**（民法415条）責任を問われ、場合によっては**窃盗罪**（刑法235条）や**横領罪**（刑法252条）といった刑事処分に問うこともできます。いったん持ち出して後から返すつもりであっても、許可なく持ち出せば窃盗罪となり、自己の管理下にあった備品を売りさばいてその代金を着服すれば横領罪となるのです。

　このように、会社の備品を不正に持ち出すことは、民事上・刑事上それぞれの責任を追及されることになる重大な非違行為なのです。

② 就業規則違反も問われる

また、多くの会社では、就業規則に許可なく会社の備品を持ち出すことを禁止する規定がおかれています。これに違反した場合には、懲戒処分を予定する規定もおかれていることが多く、その場合には、懲戒処分に処することも可能です。

例えば、警察の職員が自らの遊興費にあてるために、備品のカメラを質に入れていたことが発覚し、窃盗容疑で逮捕され、役所も懲戒免職になったという事件がありました。

このように、会社の備品を持ち出すことは、刑事処分+懲戒処分という重い処分が科されることもあるのです。

③ 備品の管理体制を整備することも必要

備品の持出しを禁止することを就業規則に規定することも大切ですが、備品の管理体制を整備することも必要です。パソコンやデジタルカメラのような高価なものから、CD-R・DVD-R等のメディアやボールペンのような消耗品、また、会社の制服等も持ち出す従業員がいるそうです。

これらの従業員に対して、会社が無防備でいますと、備品の持出しを防ぐことはできないでしょう。

そこで、備品は必要最小限度にし、収納場所を決めて、貸出し記録簿の作成をすることで、持ち出したまま私物化することを防ぐこと等の対策を講じましょう。また、こうしておけば、返却することを条件に少々の持出しを認めても、返却を求めることも容易になるでしょう。

そして、就業規則の備品持出し禁止規定を従業員に周知して、従業員の意識を変えることも手段の一つです。

備品の持出しは犯罪となる重大な非違行為ですが、会社の備品管理に甘さがあることは、会社自ら労使トラブルを招く帰責事由があるといってもよいでしょう。

第8章 「問題社員」に関するトラブル

■著者紹介

河野順一（こうの じゅんいち）

作家、社会保険労務士、行政書士、日本橋中央労務管理事務所所長、東京法令学院学院長、NPO法人個別労使紛争処理センター理事長、全国企業連盟(労働保険事務組合)専務理事。長年にわたる資格試験指導および独立開業の経験を活かし、多数に上る書物を出版。法務コンサルタントとして、銀行など各企業を対象に、幅広く経営全般にかかる指導業務を行っている。

さらに、複雑な法律問題を身近な事例に置き換える、やさしくかつ熱のこもった講演はわかりやすいと評判である。とりわけ「就業規則の作成専門家セミナー」「残業代請求と是正勧告の現状、問題点、解決策まで」のセミナーは有名であり、毎回受講を希望する人があとを絶たない。

〔主な著書〕

『労働法を学ぶための「要件事実」講義』『労働基準監督機関の役割と是正勧告』『秘伝・弁護士に頼まない「少額訴訟の勝ち方」教えます』『労働災害・通勤災害認定の理論と実際』『労働関係紛争における「裁判外紛争解決手続」の手引き』『本人訴訟 自分でできる手続きマニュアル』『労災トラブル解決の達人』(以上、中央経済社)、『会社の変更登記のことならこの1冊』『残業代支払倒産から会社を守るならこの1冊』『給与計算をするならこの1冊』『労働災害・通勤災害のことならこの1冊』『株式会社をつくるならこの1冊』『労働法のことならこの1冊』『建設業許可の申請手続きをするならこの1冊』『身の回りの法律トラブル対処法』(以上、自由国民社)、『労働事件解決のための「要件事実」入門』『無敵の就業規則のことならこの社会保険労務士に任せたい』『不当な残業代請求のことならこの社会保険労務士に任せたい』『解雇・退職をめぐる実務対策』『労働基準法違反と是正勧告・就業規則・個別労働関係紛争をめぐる実務対策』『紛争解決手続代理業務試験の基礎講義ⅠⅡ』『紛争解決手続代理業務の手引きⅠⅡ』『図解 民法案内ⅠⅡⅢ』『図解 憲法案内ⅠⅡ』『図解 刑法案内ⅠⅡⅢ』(以上、酒井書店・育英堂)、『時間外労働と、残業代請求をめぐる諸問題』(経営書院)、『負けず嫌いの哲学』(実務教育出版)、『ドキュメント社会保険労務士』(日本評論社)ほか多数。

その他論文、講演多数。

労働基準法では届かない！
民法・刑法・憲法と就業規則で解決する
労務トラブル 50

2016 年 1 月 20 日　発行

著　者　　河野　順一　ⓒ

発行者　　小泉　定裕

発行所　　株式会社 清文社
東京都千代田区内神田 1 - 6 - 6 （MIF ビル）
〒101 - 0047　電話 03（6273）7946　FAX 03（3518）0299
大阪市北区天神橋 2 丁目北 2 - 6 （大和南森町ビル）
〒530 - 0041　電話 06（6135）4050　FAX 06（6135）4059
URL http://www.skattsei.co.jp/

印刷：倉敷印刷㈱

■著作権法により無断複写複製は禁止されています。落丁本・乱丁本はお取り替えします。
■本書の内容に関するお問い合わせは編集部まで FAX （03-3518-8864）でお願いします。

ISBN978-4-433-56035-5